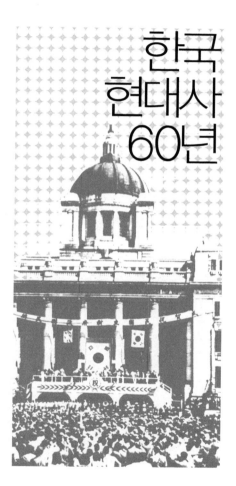

한국
현대사
60년

한국현대사 60년

초판 1쇄 발행 2007년 5월 25일
초판 8쇄 발행 2022년 8월 31일

지은이 서중석
펴낸이 정순구
기획 민주화운동기념사업회
기획편집 조원식, 조수정, 정윤경
디자인 이파얼
마케팅 황주영

출력 블루엔
용지 한서지업사
인쇄 한영문화사
제본 한영제책사

펴낸곳 (주) 역사비평사
등록 제300-2007-139호. (2007. 9. 20)
주소 10497 경기도 고양시 덕양구 화중로 100(비전타워 21) 506호
전화 02-741-6123~5
팩스 02-741-6126
홈페이지 www.yukbi.com
이메일 yukbi88@naver.com

ISBN 978-89-7696-526-4 03910
ⓒ 서중석·민주화운동기념사업회, 2007

이 도서의 국립중앙도서관 출판시도서목록(CIP)은
e-CIP 홈페이지(http://www.nl.go.kr/cip.php)에서 이용하실 수 있습니다.
(CIP 제어번호 : CIP2007001448)

※ 이 책에 쓰인 사진은 민주화운동기념사업회와 경향신문사의 협조에 따른 것입니다.

한국
현대사
60년

서중석 지음
민주화운동기념사업회 기획

간행사

근대에 들어 일찍이 민주주의 발전이 시작되었던 서구 여러 나라들에 비해 제3세계 나라들의 민주주의는 매우 늦게, 그리고 매우 어렵게 이루어졌습니다. 그것은 식민지 통치라는 외부 압제로부터 해방된 제3세계 많은 나라들이 대부분 군부 통치라는 내부 압제를 겪으면서 민주주의 발전이 지체되었기 때문입니다.

한국의 민주주의 역시 제3세계 나라들이 겪어야 했던 어려운 과정을 거쳐왔습니다. 뿐만 아니라 한반도는 전쟁과 분단, 그리고 세계적 냉전의 최전선이라는 지정학적 위치로 인해 여타 제3세계 나라들보다 더 큰 어려움에 부딪히기도 했습니다.

그럼에도 한국의 민주주의는 이 같은 난관을 극복하고 성공적으로 발전해온 것으로 평가되고 있습니다. 독재정권에 저항하여 전개되었던 민주화운동은 수많은 사람들의 노력과 희생에 힘입어 마침내 권위주의체제를 무너뜨리고 한국사회를 민주화의 길에 들어서게 했습니다. 매우 어려운 조건 속에서도 역동적이고 평화적인 과정을 통해 이룩한 오늘날의 한국 민주주의는 이 같은 특징으로 인해 제3세계 나라들 중 가장 성공적인 사례로 거론되며 세계사적인 전범이 될 만하다는 평가를 받고 있기도 합니다.

민주화운동을 중심으로 한국현대사를 서술하고 있는 이 책은 6월 민주항쟁 20주년을 맞아 발간하는 책으로서, 다음과 같은 목적을 가지고 있습니다. 하나는 독재 시절을 겪지 않아 민주주의의 소중함을 절감하기 힘든 새로운 세대들에게 민주화운동의 경험과 민주주의의 가치를 전하는 것입니다. 다른 하나는 한국 민주화운동에 대해 잘 모르는 외국인들에게 그 경험을 소개해, 한국 민주화운동의 경험과 성과, 한계 모두를 보다 나은 세상을 꿈꾸는 인류의 자산으로 만들고자 하는 것입니다. 때문에 우리는 이 책을 한글판과 함께 영어, 일본, 독일어, 프랑스어 등 여러 나라의 언어로 번역·발간하고자 합니다.

이 책에 대해 독자들의 많은 관심을 부탁드리며, 더불어 한국 민주주의, 나아가 세계의 민주주의 발전과 평화 실현을 위해 지속적인 관심을 가져주시기 바랍니다.

2007년 5월

민주화운동기념사업회 이사장 함세웅

머리말

한국은 1960년 3, 4월항쟁에서부터 1990년대에 이르기까지 30년 이상 학생운동이 계속되었다는 점에서 세계에서 유례가 드문 역사를 가지고 있다. 물론 학생들만 시위를 한 것이 아니고, 사안에 따라 야당 정치인·지식인·종교인·언론인 등 사회 각 계층이 참여했고, 1960년 마산시위와 4·19시위, 1980년 광주민중항쟁, 1987년 6월민주항쟁에는 시민들이 적극 참여했다. 1980년대와 그 이후에는 노동자·농민들도 시위를 벌였다. 시위는 부정선거 규탄, 한·일회담 반대 등 다양했으나, 1972년 유신정권 수립 이후에는 주로 반독재민주화투쟁이 전개되었다.

1960년 이후의 한국현대사는 민주화운동사 또는 학생운동사와 분리하기 어려울 만큼 밀접한 관계를 가지고 있다. 특히 민주화운동이 반미자주화운동, 노동자·농민운동, 통일운동과 함께 치열하게 일어난 1980년대는 민주화운동사가 곧 정치사라고 말해도 과언이 아닐 정도로 양자는 상호 간에 긴밀한 관계를 가지고 있다.

이 저서는 민주화운동사가 현대사와 어떠한 관련 속에서 어떻게 전개되었는가를 서술했다. 그렇지만 한국인한테나 외국인한테나 1960년 이전의 현대사가 잘 알려지지 못한 점을 감안해, 그 부분을 먼저 간략히 서술했다. 한국인이 1945년에 해방을 어떻게 맞았는가, 점령군으로 온 미·소 양군은 한반도에서 어떠한 역할을 맡았는가, 왜 1948년에 남과 북에 각각 정부가 수립되고 2년 후인 1950년에 전쟁이 일어났는가는 오늘날까지 한국현대사에서 가장 논쟁이 많은 부분이다. 또한 현대사나 민주화운동사를 이해하는 데 중요하거나 필요하다고 생각되는 사항도 첨가하거나 독자적으로 절을 만들어 서술했다. 한·일회담의 경우 박정희 정부 이전 정부에서의 진행 과정을 짧게 서술했고, 경제발전의 경우는 따로 절을 두어 서술했다. 유신체제에 대해서도 성립 과정과 특징에 대해 서술했다. 1990년대 이후의 역사도 민주화운동사와 선거를 중심으로 살펴보았다.

한국현대사는 1987년 6월민주항쟁 이전 시기에는 연구하기가 쉽지 않았다. 장기간에 걸쳐 한반도는 치열한 이데올로기 전쟁터로서, 냉전·반공이데올로기가 대단히 강하게 지배했다. 이 때문에 현대사 관련 자료가 많지 않고, 접근하기도 쉽지 않았다. 1980년대 중·후반 이후부터 소장학자들을 중심으로 현대사 연구가 이루어졌지만, 해방 3년 시기에 대한 연구를 제외하면 아직도 초보적인 수준을 넘어섰다고 보기가 어렵다. 한국에서는 2005년 해방 60주년을 맞아 민주화와 경제발전이라는 두 가지 과제를 성취했다고 평가했지만, 아직도 한국인이건 외국인이건 한국현대사에 접근하기가 용이하지 않다. 모쪼록 이 저서가 한국현대사 이해에 조금이라도 도움이 되었으면 좋겠다.

2007년 5월

서중석

차례

3장 | 박정희 군부정권과 학생운동

4장 | 유신체제와 반독재투쟁

1장

해방·분단·
전쟁·이승만 독재

1. 해방

    1945년 8월 15일 정오 일본천황 히로히토가 항복조서를 읽기 몇 시간 전 조선총독부에서 총독 다음의 위치에 있는 정무총감 엔도가 여운형을 만나 치안협조를 요청했다. 일제 말에는 황국신민화운동의 강화, 각종 공출 등 수탈의 심화, 징용·징병 등 강제연행으로 한국인의 대일감정이 더욱 악화되어 있어서, 일제의 패전 소식이 알려지면 한국인들로부터 일본인이 어떻게 당할지 알 수 없었기 때문이다. 여운형은 한국인한테 영향력 있는 인물이었다. 그런데 여운형은 기다렸다는 듯이 엔도에게 정치범·경제범의 즉시 석방, 치안유지와 건설사업에 간섭하지 말 것 등을 요구했다. 이제는 조선총독부 대신

한국 측이 치안을 맡고 국가건설사업을 벌여나가겠다는 발언이었다. 당시 조선총독부 고위관리들은 갑작스러운 항복 소식에 몹시 당황했기 때문에 여운형의 요구조건을 수락하지 않을 수 없었다.

일제는 1910년 한국을 강점한 이래 1919년 3·1운동이 일어날 때까지 무단통치를 폈다. 1920년대는 문화정치를 한다고 했지만 정치활동은 금지했다. 1930년대 중반 이래 패망할 때까지 군국주의 파시즘이 지배했던 일본은 전력(戰力)을 극대화하기 위해 한국인의 민족의식을 말살하고 일본천황의 충실한 신민을 만들겠다는 황국신민화운동을 전개했다. 이 때문에 독립운동은 국내에서는 3·1운동, 6·10만세운동, 광주학생운동처럼 '불법적'인 시위투쟁을 하거나 지하투쟁을 할 수밖에 없었고, 대개는 국외에서 전개되었다. 일제가 패망할 때 1919년 중국 상해에서 조직된 대한민국임시정부는 중국 국민당 정부의 도움을 받으며 중경에서 주로 활동했으며, 산하에 광복군이 있었다.(주석 김구, 부주석 김규식) 1942년 중국 화북 지방에서 조직된 조선독립동맹은 중국공산당의 지원 아래 주로 연안에서 활동했으며, 산하에 조선의용군이 있었다.(주석 김두봉) 1932년부터 중국 만주에서 빨치산 활동을 벌였던 김일성 등 빨치산부대는 1940년대 초에 소만국경을 넘어 러시아 하바로프스크 부근에 집결해 있었다. 태평양 너머 미주에서도 이승만 등이 독립운동을 했다. 이처럼 독립운동단체들이 멀리 있었기 때문에 해방은 중도좌파인 여운형이 국내 좌우세력을 비밀리에 결집시켜 조직한 건국동맹이 중심이 되어 맞왔다.

　1945년 8월 15일부터 여운형과 그의 동지들은 건국 준비에 박차를 가해 건국준비위원회(건준)를 조직해 위원장에 중도좌파인 여운형, 부위원장에 중도우파인 안재홍을 추대하는 등 좌우세력을 균형 있게 배치했다. 건준은 전국 각 지역의 건준 지부 등을 통해 현존 시설·기계·기구·자재·자본 등을 보존·관리하는 한편, 8월 16일부터 치안대를 전국적으로 조직해 치안확보에 나섰다. 16일부터는 정치범이 석방되어 활동에 가세했다. 건준은 평남·함남·황해도의 건준 지부를 포함해 8월 말까지 145개 지부 및 그와 비슷한 숫자의 치안대 지부가 설립되었다. 한국인은 일제강점기 경찰의 압제 아래 있었는데, 각 지역에서 한국인 치안대가 활보하는 것을 보고서 해방을 실감할 수 있었다. 그렇지만 아직도 일부 지역에서는 일제의 조선군사령부 군대가 통제권을 행사했다.

　한국은 트루먼 미국대통령의 일반명령 제1호에 의해 북위 38도선을 경계로 북쪽은 소련군이, 남쪽은 미군이 점령하게 되었다. 미군 점령 지역은 93,634km²로 38도선 이북 지역 127,136km²보다 3만여 km²가 좁지만, 인구는 1944년 기준으로 남쪽이 1,657만여 명으로 북쪽의 855만여 명의 거의 두 배였다.(1949년 5월 국세조사에 의하면 남한 인구는 2,016만여 명임. 조선은행, 『경제연감 1949』, 1949) 해방 당시 남한의 인구는 터키·이란·필리핀·아르헨티나와 비슷한 수준이었다. 14세기 말 조선왕조 개창 이래 수도인 서울은 38도선 바로 남쪽에 있다. 소련군대는 일본에 대해 선전포고와 함께 8월 9일 두만강을 넘어 공격해 일본군과 전쟁을 했지만, 치스차코프 대장의 주력군이 북에서 가장 중요한 도시인 평양에 도착한 것은 8월 26일이었다. 미군의 하지 중장의 24군단은 9월 8일 인천을 거쳐 9일 서울로 들어왔다.

미군과 소련군의 대한정책은 여러 면에서 비교가 되었다. 소련군은 '해방군'으로 왔다는 점을 강조했는데, 일제 패망에 결정적 역할을 한 미군은 '점령군'으로서 왔다는 것을 명시하고 치안협조를 당부했다. 소련군은 간접통치 방식을 택했는데, 미군은 패전국 일본에서 간접통치를 한 것과는 대조적으로 미군정을 설치해 직접통치를 했다. 뿐만 아니라 미군정은 일제통치기구를 답습했다. 일본인 관리들을 한동안 유임시키거나 고문 등으로 임명하고, 일제에 복무했던 친일관리들도 유임시키거나 승진시켜 불만을 샀다. 특히 해방이 되자 두려워서 피신했던 경찰을 불러들인 것은 원성의 표적이 되었다. 미군은 친일행위자들이 일본인을 위해서 일을 잘했다면 자기들을 위해서도 그렇게 복무할 것으로 믿었다. 주한미군의 현상유지정책은 미국의 대일정책과도 달랐다. 일본에서 미국은 점령 초기에는 재벌해체, 군대해산, 전범재판, 토지개혁 등 상당히 급진적인 현상타파정책을 썼다.

미군이 한국에서 현상유지정책을 편 것은 강력한 좌익을 통제하기 위해서였다. 거기에는 좌익이 소련과 연결되어 있다는 극우적 시각이 작용했다. 지주·부르주아세력은 상당수가 일제의 군국주의 침략전쟁을 찬양하면서 황국신민화운동에 가담한 반면, 적지 않은 좌파가 지하투쟁을 했기 때문에 해방 직후 지주·부르주아세력은 목소리가 약했지만 좌파는 대중적 영향력이 있었다. 미군이 상륙하기 직전인 9월 6일, 여운형과 1920년대 초부터 공산주의 활동을 해온 조선공산당의 박헌영은 우익이 중경에 있는 대한민국임시정부를 정부로 맞아들이려는 임정추대운동을 벌이자 건준 후신으로 인민공화국(인공)을 급조했다. 인공의 인민위원과 각 부서장에 우익도 들어가 있었지만, 그것은 형식에 지나지 않았다. 인공은 건준 지부를 인민위원회로 바꾸고, 면·동·리에도 인민위원회를 조직했다. 커밍스의 연구에 의하면, 남한의 거의 대부분의 군에 인민위원회가 설치되었고, 군인민위원회의 절반 정도가 실질적으로 활동했다.(커밍스, 『한국전쟁의 기원』, 1981)

미국은 좌익·인민위원회를 탄압하는 한편 지주·부르주아세력을 대표하는 한국민주당(한민당)을 강력히 지지했다. 또한 미국은 10월 16일 미국에 있는 이승만을 귀국시켜 적극 지원했다. 11월 하순에는 중경 임시정부 요인들이 귀국했다. 남한은 점차 좌익과 우익의 갈등이 커져갔다. 우익은 중경 임시정부 추대를 주장했고, 좌익은 인공을 지지했다.

2. 혁명적 변화

해방은 정치적 혁명을 초래했다. 농촌일수록 봉건적 사고나 관습이 강하게 남아 있기는 했지만, 사회적·문화적·경제적으로도 혁명적 사태가 전개되었다. 해방은 노동자·농민들이 역사의 중요한 한 주체로 떠오르게 했다.

해방이 되면서 우리말·우리글을 마음대로 자유롭게 쓰게 되었고, 조급히 만든 역사 교과서였지만 우리 역사를 배울 수 있었다. 일제는 소학교(초등학교)에서부터 '조선어와 한문' 시간을 제외하고 모두 일본어로 가르치게 했고, 1930년대 말부터는 그나마 조선어 시간조차 없앴는데, 해방으로 35년 동안 교육현장에서 빼앗긴 언어와 문자, 역사를 되찾은 것이다.

해방 후 시급한 문제는 각급 학교에서 사용한 일본어 교과서를 폐지하고 한글로 된 교과서를 편찬하는 일이었다. 교육기관에 있는 한글전용론자들이 중심이 되어 한자를 거의 사용하지 않은 한글 교과서를 짧은 시간 내에 만들어냈다. 이 교과서는 일본어 교과서와 달리 본문을 가로쓰기로 편집했다.

해방은 교육의 양적 팽창을 가져왔다. 초등학교 입학생도 크게 증가했지만, 일제강점기에 소수만이 받았던 중등교육 학생수가 비약적으로 증가했다. 일제강점기에는 경성제국대학 하나뿐이었는데 대학교도 많이 생겨났고, 학생수도 크게 늘어났다. 문제는 교사 수급

광복의 환희를 안고 거리에 운집한 사람들

이었다. 중등학교 이상은 대부분이 일본인이었고, 초등학교도 일본인 교사가 많았다. 이들이 떠나면서 교사가 부족해 학교문은 열려 있었지만 한동안 제대로 교육이 되지 않았다.

해방을 맞으면서 한국인은 처음으로 인간의 기본권을 누릴 수 있었다. 언론·출판·집회·결사의 자유는 무단통치 시기나 황국신민화 운동 시기가 아니더라도 크게 제한을 받아 일제강점기 내내 검열을 받았고, 옥외집회는 아예 허가되지 않았다. 해방이 되면서 꽤 큰 폭으로 정치적 자유를 누리게 되었다. 비록 시기가 뒤로 갈수록 경찰이나 테러단체로부터 탄압과 테러를 당했다 하더라도 해방 3년은 조선공산당과 그 후신인 남조선노동당이 합법적으로 활동할 수 있었다는 점에서 현대사에서 특별한 시기에 속한다.

좌파, 그중에서도 조선공산당은 강력한 대중조직과 연계되어 있었다. 당시 가장 강력한 대중조직은 노동자조직이었다. 1930년대와 그 이후 노동운동은 공산주의자들이 주도했는데, 해방이 되자 바로 조직에 착수해 9월에 노동조합전국평의회준비위원회를, 11월에는 노동조합전국평의회(전평)를 출범시켰다. 전평은 해방 직후 공장 휴업, 원자재 부족 등의 사태에 직면해 1946년 전반기까지는 공장관리 운동을 폈고, 다른 한편으로는 미군정에 협조하면서 산업건설운동을 폈다. 노동자들은 노동자신문 등을 읽고 분회 활동을 하면서 노동계급의식을 갖게 되었다. 우익 노동자단체인 대한독립촉성노동총연맹(대한노총)은 1946년 3월에야 출범했는데, 정치세력의 도움을 받아 하향식으로 조직되었다. 대한노총은 미군정에 의해 전평이 분쇄되면서 힘을 갖게 되었다. 해방 3년기 노동운동은 좌든 우든 정치투쟁의 성격이 강했다.

한국인의 대다수를 차지하는 소작농은 인민위원회의 3·7제(소작료를 30%만 납부하는 것) 주장을 환영했고, 미군정의 3·1제(수확물의 1/3을 지주 몫으로 내놓는 것)도 반겼다. 일제강점기에 5, 6할이 넘었던 고율소작료에 비하면 훨씬 나았기 때문이다. 나아가 농민들은 경자유전(耕者有田)의 법칙이 실현되기를 바랐다. 이 때문에 토지개혁은 친일파 청산과 함께 시급히 해결해야 할 양대 과제로 부각되었다. 1945년 12월에는 좌익 주도로 전국농민조합총연맹(전농)이 조직되었다. 북이 1946년 3월 무상몰수·무상분배의 급진적 토지개혁을 하자 전농은 북과 같이 토지개혁을 할 것을 요구했다. 전평이 분쇄된 후 농촌 지역이 좌익 활동의 근거지가 되었다. 지역에 따라 차이가 많지만 해방과 함께 농민들의 의식이 급격히 변했다.

청년·여성·문화인들의 활동도 활발했다. 청년단체는 대개가 좌와 우의 행동대로 정치투쟁의 선봉에 나섰다. 좌익청년들은 1945년 12월에 조직된 조선청년총동맹에 속해 있었으나, 우익은 여러 단체로 나뉘었다. 월남한 반공청년들로 구성된 서북청년회는 테러 활동으로 유명했다. 여성단체는 처음에는 건국부녀동맹에서 좌우가 함께 활동했으나, 그 뒤 우익은 한국애국부인회를, 좌익은 조선부녀총동맹을 조직했다. 좌우 모두 다 정치투쟁을 우선시했으나, 남녀 임금차별 철폐, 공·사창제 폐지 등 여성문제에 대해서는 한목소리를 냈다. 문화단체 또한 좌우로 갈라졌으나, 노동·농민·청년·여성단체처럼 엄격히 나뉜 것은 아니었다. 친일파 하는 짓이 보기 싫어 한때 좌파 성향의 단체에 가담한 우파 성향의 문인도 있었다. 유명한 무용가 최승희는 좌파 성향의 남편과 함께 북으로 갔다. 북에 강력한 기반 이 있었던 개신교나 천주교 관계자들은 상당수가 월남했다.

3. 미·소공동위원회

연합국의 한국문제 처리방안은 일제가 패망한 지 넉 달이나 지난 12월 16일에 모스크바에서 열린 미·영·소 세 나라 외상회의에서 논 의되었다. 미국은 1942~43년경부터 한국에 신탁통치를 실시한 후 독립시키려고 했는데, 이 회담에서도 신탁통치방안을 제시했다. 소 련은 임시정부수립안을 내놓았다. 회담 결과, 한국에 임시정부를 수 립하되, 미·소공동위원회(미·소공위)가 한국의 제정당·사회단체와 협 의해 그 방안을 마련하고, 또한 한국에 5년 이내의 신탁통치를 실시 하되, 그 방안은 미·소공위가 임시정부와 협의해서 마련하도록 했 다. 당시에는 제3항의 신탁통치조항에 대해 친미세력인 우익이 반대 투쟁을 벌이고, 그 때문에 미·소공위 활동이 실패해 한국이 분단될 줄은 신탁통치안을 제안한 당사자인 미국무장관도 전혀 생각지 못했다.

모스크바에서 한국문제에 관한 결정에 세 외상이 사인을 하던 12월 27일부터 반탁투쟁이 시작되었다. 소련이 신탁통치를 주장하고 미국이 즉시 독립을 주장한다는 오보가 직접적인 계기가 되었다. 반탁투쟁이 격렬하게 전개되었고, 우익은 대한민국임시정부를 즉시 승인해줄 것을 연합국에 요구했다. 반탁투쟁은 반소·반공운동이자 김구를 주석으로 한 대한민국임시정부 추대운동이었다. 조선공산당은 1946년 정초부터 신탁통치를 포함한 모스크바 3상결정을 지지하고 나섰다. 중도파는 분단을 막기 위해서는 임시정부를 하루빨리 수립하도록 미·소공위에 협력하지 않으면 안 된다고 판단했지만, 신탁통치는 반대했다. 김구 중심의 반탁투쟁은 즉시 독립을 회원했던 한국인한테 호소력이 있어서 우익의 힘을 강화시키는 데 큰 힘이 되었다.

1946년 3월에 열린 미·소공위는 특히 반탁투쟁 문제 때문에 미국대표와 소련대표가 날카롭게 맞섰다. 결국 5월 초 미·소공위는 휴회되었다. 미·소공위가 휴회되자 미국정부는 이승만과 김구 대신 김규식 등의 중도개혁세력을 지원해 친미세력으로 육성하고 그들이 임시정부의 중추를 맡기를 바랐다. 김규식과 여운형 등 중도세력은 미·소공위에 의한 임시정부 수립은 좌우합작이 성공해야 가능하고, 뿐만 아니라 한반도는 북방(대륙)세력과 남방(해양)세력이 만나는 중요한 지역으로, 강대국에 둘러싸여 있기 때문에 내부적 결속이 대단히 중요한 의미를 갖는다고 역설했다. 반탁투쟁세력은 분화하여 이승만과 한민당은 반공국가를 세우기 위해서는 남한만이라도 정부를 수립해야 한다는 단정수립운동을 펼쳤다. 북은 소련의 지원 아래 사회주의체제를 강화하는 방향으로 나갔고, 여기에 남의 공산당이 합세했다.

극좌는 미군정에 대항하기 위해 1946년 7, 8月부터 '신전술'을 구사했다. 9월에 시작되어 10월까지 계속된 총파업은 심각한 인플레이션과 식량 품귀로 인한 노동자의 열악한 생활조건이 기본 요인이었지만, 미군정에 타격을 주고 박헌영 체포령에 대항하는 정치투쟁의 성격이 강했다. 총파업을 분쇄하기 위해 경찰 외에도 극우청년단체들이 대거 동원되었다. 9월총파업에는 전평 산하 조합원에 학생과 일반 대중이 가세해 25만여 명이 참가했다.

총파업 와중에 3·1운동 이후 최대 규모의 항쟁이 남한 각지에서 일어났다. 10월 1일 대구에서 일어난 대규모 군중폭동은 삽시간에 경상남북도로 퍼져나갔고, 10월 중순에는 충남 일부 지역에서, 하순에는 경기도 일부 지역에서 시위가 있었다. 전남에서도 10월 말경부터 11월 초까지 군중들이 들고일어섰다. 이렇게 큰 소요가 일어난 데에는 직접적으로는 친일경찰의 횡포에 대한 반발과 군정관리들에 대한 불만, 미군정의 강제적인 하곡수집 등이 요인이었지만, 해방이 되었는데도 독립의 전도가 보이지 않았던 것이 배경으로 깔려 있었다.

남과 북은 각각 1946년 10월과 11월에 선거를 실시했다. 미군정은 준(準)입법기관인 남조선과도입법의원을 관선의원 45인과 민선의원 45인으로 구성했다. 관선의원은 대체로 좌우합작위원회의 추천을 받아 중도우파 성향이 강했으나, 10월에 치른 민선은 여러 단계의 간접선거여서 부정이 크게 개입했고, 극우 성향 의원이 다수 당선되었다. 과도입법의원(의장 김규식)은 권한에 제약은 받았지만, 최초의 의회로서 활발한 토론이 있었다. 북은 11월에 군·시·도 인민위원회 선거를 실시했고, 각급 인민위원회대회에서 선출한 대의원으로 구성된 북조선인민회의에서 1947년 2월에 북조선인민위원회를 조직했다.

미·소공위는 1947년 5월에 다시 열렸다. 처음에는 순조롭게 잘되는 듯했으나, 반탁운동단체 문제로 공전을 거듭했다. 7월에 이르자 미·소공위는 성공하기 어려워졌다. 이미 그해 3월에 트루먼독트린이 발표되었고, 미국은 6월에 마샬플랜을 마련했으며, 7월에는 대소 포위정책을 폈다. 7월 19일 여운형이 극우한테 암살당한 것은 상징적인 사건이었다. 미·소가 합의해 통일 정부를 세운다는 것은 불가능해졌다.

4. 분단 정부 수립

미국은 미·소합의로 한국문제가 처리되지 못할 경우 대책이 있었다. 1947년 9월 미국정부는 유엔총회가 개최된 다음 날 유엔에서 한국문제를 논의할 것을 제의했다. 소련은 이에 반대하면서 미·소 양군의 철퇴를 제안해 파문을 던졌으나 미국은 묵살했다. 11월 14일 유엔총회는 유엔 감시하의 남북총선거안을 통과시켰다. 소련이 유엔조선임시위원단이 38도선 이북으로 들어오는 것을 거부할 것이므로, 남북총선거안이 실현되는 것은 명백히 불가능했다.

한국문제가 유엔에 넘어감으로써 국제적으로 한국문제 해결이 어렵게 되자 중도세력은 우리 민족 스스로 문제를 풀어보자는 의도에서 남북지도자회의 소집을 주장했다. 1947년 12월에는 중도세력을 망라해 민족자주연맹(민자련, 주석 김규식)을 결성했다. 1948년 1월 유엔조선임시위원단 대표들이 서울에 오자 김구는 이승만·한민당과 결별하고 김규식과 함께 남북협상을 주장했다. 그렇지만 북과 소련은 반응을 보이지 않았다. 유엔소총회에서는 유엔조선임시위원단의 일원이었던 캐나다·오스트레일리아 대표의 반대에도 불구하고 2월 26일 남한만의 선거를 결정했다. 주한미군사령부는 5월 10일에 제헌국회의원 선거를 실시한다고 공고했다.

남한총선이 결정된 얼마 후 북은 남북지도자회의 소집에 반응을 보여 1948년 4월 북의 중심도시인 평양에서 두 종류의 회의가 열렸다. 남북조선 제정당·사회단체대표자연석회의에서는 미국을 제국주의국가로 격렬히 비난하고 인민의 손으로 정부를 수립하자고 주장했다. 남의 김구·김규식과 북의 김일성·김두봉이 중심이 되어 열린 남북협상에서는 전조선정치회의를 소집해 임시정부를 수립한 다음 총선으로 입법기관을 탄생시켜 헌법을 제정하자는 통일방안을 마련했다. 남북협상은 분단 정부가 들어서는 것을 막을 수는 없었으나, 열렬한 지지를 받았다. 10세기에 고려왕조가 들어선 이래 한반도에 하나의 정부만이, 그것도 중앙집권 형태로 존재했기 때문에 분단의 경험이 없었고, 분단 정부가 들어서면 틀림없이 미·소를 등에 업은 동족상잔의 전쟁이 날 것이라는 두려움 때문이었다.

1948년 5월 10일, 만 21세 이상이면 성별 등의 차별 없이 누구나 투표권을 행사할 수 있는 보통선거를 역사상 처음으로 치렀다. 보통선거 실시는 외부에서 준 선물이 아니었다. 급진 공산주의자들을 제외하고는 3·1운동 이후 상해 대한민국임시정부를 비롯해 독립운동 단체들은 보통선거에 의해 공화제정부를 세워야 한다고 주장했고, 해방이 되어서도 모든 정당·사회단체가 보통선거 실시를 당연시했다. 이 때문에 1947년에 남조선과도입법의원에서도 보통선거법안을 이미 통과시킨 바 있었다. 한국에서의 보통선거 실시는 이탈리아나 일본과 비교해도 그다지 늦은 것이 아니었다.

5월 말부터 활동에 들어간 제헌국회는 국호를 '대한민국'으로 정했다. 의원들 다수는 내각책임제를 선호했으나 이승만의 강력한 주

대한민국 정부 수립 행사에 참여한 수많은 군중들

장으로 대통령중심제가 되었다. 헌법 중 경제조항은 주요 자원과 중요 산업의 국유·국영 등을 규정하는 등 해방 직후의 사회주의적 평등사상이 들어 있었다. 국회는 대통령에 73세의 이승만을, 부통령에 이승만보다 더 나이가 많은 79세의 이시영을 선출했고, 국무총리는 난산 끝에 이범석이 되었다. 대법원장에 꼬장꼬장하기로 유명한 김병로가 임명된 것은 다행스러운 일이었다. 8월 15일 정부 수립이 공포되었다.

북은 남북제정당·사회단체지도자협의회를 거쳐, 북에서의 선거와 남에서의 '지하선거'를 통해 선임했다는 대의원으로 구성된 최고인민회의에서 사회주의헌법을 채택했고, 9월 9일 김일성을 수상으로 한 내각이 발족되었다. 북의 국호는 '조선민주주의인민공화국'이었다.

한반도에 장구한 시기에 걸쳐 하나의 국가만이 있었던 것이 기본 요인이지만, 대한민국헌법은 한반도 전체를 국토로 명기했고, 북은 헌법에 자신의 수도를 대한민국 수도와 똑같이 서울이라고 명시했다. 두 정부는 자신만이 정통이고 상대방은 괴뢰라고 주장했다. 이승만 정부가 12월에 공포한 국가보안법은 그 점을 명백히 했다. 국가보안법은 사상과 양심, 학문의 자유를 제약했고, 반공은 '국시'로서 민주주의, 민족보다 상위의 최고덕목이었다.

5. 반공국가를 향해

　분단 정부가 들어서게 될 5·10선거에 대해서 소극적·적극적 저항
이 적지 않았다. 제주4·3사건은 그런 저항 중 가장 규모가 컸고, 민
간인 희생이 많았다. 남쪽 바다에 있는 평화의 섬 제주도에 유혈 사
태가 벌어진 직접적 계기는 제주도 남로당이 중앙당과 협의 없이 단
선·단정을 반대하는 봉기를 일으킨 데 있었지만, 1947년 3·1시위 이
후 육지 경찰과 관리, 서북청년회 등 육지에서 온 청년단체 소속원
들이 제주도민을 억압하고 횡포를 부린 것이 중요 요인이었다. 실제
제주도민의 다수가 미군정·이승만 정권에 저항적이어서 남로당 봉
기는 제주도민의 항쟁이라는 성격을 띠게 되었고, 그것은 엄청난 희
생을 치르면서 1년 이상이나 지속되었다. 1948년 4월 3일부터 시작
된 봉기로 인해 제주도 3개 선거구 중 두 선거구에서 선거가 실시되
지 못했다. 주민 집단학살은 1948년 11월부터 이듬해 2, 3월까지 계
속되었다. 2003년 10월에 국무총리를 위원장으로 한 제주4·3사건
진상규명및희생자명예회복위원회를 통과한 『제주4·3사건진상조사
보고서』는 당시 제주도민 약 30만 명 중 희생된 인원이 2만 5천 명
에서 3만 명 정도라고 추정했다. 대만에서 1947년 2·28사건으로 희
생된 사람들보다 거의 배나 되는 인원이다.

　정부 수립 공포 후 두 달이 지난 10월 19일에는 당시에 제주4·3사
건보다 국제적으로 더 알려진 여순 반란 사건이 일어났다. 남쪽 항

구 여수 주둔 14연대 일부 병력이 제주도에 파병되기 직전 이를 거부하며 반란을 일으켰고, 그러면서 삽시간에 여수·순천 일대에 인민위원회가 만들어졌다. 이 사건은 여수가 27일 국군에 의해 탈환되어 일단락되었지만, 희생자가 많았다. 이 사건을 계기로 국가보안법이 제정되었고, 숙군사업이 전개되었다.

정부 수립 초기에 반공국가를 건설하는 것은 쉽지 않았다. 일반 사람들은 아직도 반공보다 민족이나 통일을 훨씬 더 중시했고, 반공투사에 대해서 그다지 좋은 감정을 가지지도 않았다. 특히 이승만의 반공국가 만들기에서 제일 큰 장애 요인은 친일파 처단 요구였다. 일제 말에는 군국주의자들에 의해 방공운동이 대대적으로 벌어졌는데, 친일경찰·친일관공리들은 그런 군국주의자들의 방공운동 동원에 관여했다. 해방 후 미군정이 친미체제를 만들어나가는 데도 주로 그들이 동원되었고, 이 대통령도 그들을 자신의 정치적 기반으로 삼았다. 그러나 민족정기를 세우려면 악질 친일파는 반드시 처단이 되어야 한다는 여론이 워낙 높아 제헌국회의원들은 무엇보다 우선해서 반민족행위처벌법 제정을 서둘렀고, 1949년 1월부터는 반민족행위특별조사위원회(반민특위)에서 이광수, 최남선 등을 잡아들였다. 이 대통령은 2월에 친일경찰이 체포되면서부터 반민특위 무력화 작업에 나섰다. 혼란을 막기 위해서 친일경찰의 '기술'이 필요하다는 것이었다.

5·10총선 입후보자들은 너나없이 토지개혁을 공약하고 나섰다.

국회는 1949년 4월 농민이 연평균 생산액의 125%를 상환하고, 지주들은 150%를 보상받는 농지개혁법을 통과시켰다. 25% 차액은 일본·일본인의 귀속재산 처리 등으로 해결하려고 했다. 그러나 정부는 이 법안을 실시하지 않다가 1950년 3월 상환액과 보상액을 150%로 같게 한 개정법률을 공포했다. 주목할 것은 정부가 한국인 지주 농지를 농민에게 분배한 것보다 지주들이 그 이전에 방매해버린 것이 더 많았다는 점이다. 약간의 시차를 두고 일본·대만·중국에서도 토지개혁이 있었는데, 한국과 이들 나라들은 토지개혁으로 산업혁명의 기반이 마련되었다.

1949년 6월은 남과 북에 중대한 변화가 일어났다. 소련군이 1948년 12월에 철수한 것에 이어 6월에 미군이 군사고문단만 남기고 철수했다. 중국의 상황도 급박했다. 인민해방군이 4월에 양쯔강을 도하함으로써 중국공산당에 의한 대륙 장악은 시간 문제였다. 북에서는 북로당과 남로당이 비밀리에 통합해 조선로동당이 되었고, 조국통일민주주의전선을 결성함과 동시에 7월부터 유격대를 남파해 전쟁으로 통일하겠다는 의사를 점차 분명히 했다.

이승만 정부는 6월에 반공국가를 만들기 위한 대대적인 공세에 나섰다. 6월 6일 경찰은 반민특위를 습격했고, 이승만은 경찰의 행위를 옹호했다. 이를 계기로 친일파 처리는 흐지부지되었다. 6월 20일부터는 김약수 국회부의장, 노일환 의원 등 제헌국회에서 친일파 처단, 토지개혁, 외국군 철수 등을 주장했던 소장파 의원들이 구속되었다. 앞서 5월에 구속된 세 의원을 포함해 15명의 의원이 구속되었는데, 국회 프락치 사건으로 의회민주주의는 활기를 잃었다. 김구가 6월 26일 안두희 육군소위한테 살해당한 것은 큰 충격이었다. 김구는 이승만의 가장 유력한 정치 라이벌이었고, 1948년에 남북협상을 주장한 이래 통일독립운동의 민족적 지주(支柱)로 존경을 받았다. 김구의 장례행렬에는 무려 50만여 명이나 참여해 역사상 최대 인파를 기록했다. 많은 사람들이 반세기 동안 그의 죽음에 이승만이 어떻게 관련되었는가에 대해 깊은 관심을 보였다. 6월 5일에는 사상검사들이 중심이 되어 법적 뒷받침 없이 임의로 국민보도연맹을 만들어 과거에 좌익 활동을 한 사람들을 가입시켰다. 10월에 좌파 정당·사회단체가 불법화되었고, 감옥은 '빨갱이' 죄수들로 넘쳐흘렀다. 이 대통령은 무력에 의한 통일, 곧 북진통일을 외쳤다.

1950년 5·30선거에서는 이승만이 유권자들한테 누차 경고했음에도 불구하고 조소앙 등 중도파 정치인들이 여러 명 당선되었다. 민중들은 반공주의자들보다 독립운동을 한 애국자들을 존경하고 있다는 것을 이 선거는 보여주었다. 그러나 곧 전쟁이 발발해, 극우·극좌한테 시달렸던 중도파 민족주의자 다수가 납북되었다.

6. 전쟁

한국인들은 분단을 대단히 부자연스러운 것으로 생각했고 통일이 하루빨리 되기를 바랐다. 또 남과 북의 정부는 한반도에는 하나의 정부만이 있어야 한다고 주장했다. 그런데 사회체제를 달리하는 두 정부는 전쟁에 의한 통일을 선호했다. 한반도를 둘러싼 국제정세도 심상치 않았다. 미국은 일본에 대한 점령정책을 변경해 일본을 반공의 주요 기지로 삼으려 했다. 그리하여 1948년 12월 기시 등 A급 전범용의자 19명이 석방되었고, 다음 해에는 일본경제안정계획을 구체화한 닷지라인이 설정되었다. 1949년 10월 1일에는 중화인민공화국 수립이 공포되었다. 냉전은 동아시아에서 언제라도 열전으로 바뀔 수 있었다.

1950년 6월 25일 일요일 새벽에 북은 38도선을 넘어 남침했다. 북은 전쟁을 일으키는 데 소련과 중국의 동의가 필요했다. 소련은 1949년까지는 북이 전쟁을 일으키는 데 찬성하지 않았으나, 1950년 4월에 스탈린은 전쟁에 동의하면서 중국의 동의를 얻도록 했다. 그 해 5월에 중국도 전쟁에 동의했다. 그때까지 북에는 중국 전선에서 싸웠던 조선인 군대가 4개 사단 정도 들어와 있었다. 북은 초전에 국군을 붕괴시킬 수 있다고 자신했지만, 미국이 중국의 경우와는 다르게 그토록 빨리 그리고 전면적으로 참전하리라고는 예상하지 못했다.

1950년 6·25전쟁이 격렬해지자 피난 가기 위해 마을 입구로 나와 있는 주민들

전쟁 초기에는 인민군이 승리하는 것 같았다. 서울 북쪽 전선이 어이없이 무너졌고, 이 대통령은 어쩔 줄 몰라 하다가 27일 새벽 국회의원은 물론 국무위원들한테도 알리지 않고 대전으로 빠져나갔다. 다음 날 서울에 인민군이 들어왔다. 초기에 인민군이 승리한 것은 화력 등이 우세한 것이 기본 요인이었지만, 국군이 대비를 하지 못한 것도 한 요인이었다. 일본 도쿄에 있던 미극동군사령부는 북의 움직임에 그다지 관심을 기울이지 않았다.

미국과 유엔은 신속히 대응했다. 6월 26일 유엔안전보장이사회는 북의 행위를 침략으로 규정했다. 27일 미극동군사령부가 서울 남쪽에 있는 수원에 전방지휘소를 설치했고, 28일부터 미공군이 한강 북안을 폭격했으며, 순양함이 동해로 파견되었다. 7월 14일 이 대통령은 미극동군사령관이자 유엔군사령관인 맥아더에게 국군의 작전권을 넘겼다. 유엔군은 미국, 영국 등 16개국 군대로 구성되었는데, 미군이 주도했다. 일본도 이 전쟁에 협력했다.

7월에 이미 제해권과 제공권을 미군이 장악했는데도 불구하고, 인민군은 파죽지세로 밀고 내려와 7월 20일 대전을 점령했고, 7월 말에는 진주에 들어왔다. 그리하여 8월 15일경에는 마산·왜관·포항 일대까지 진출해 낙동강을 넘으려 했다. 경상남북도 일부 지역을 제외하고는 남한의 대부분 지역을 인민군이 점령한 상태에서 낙동강 전선에서는 연일 공방전이 벌어졌다. 전선이 길어져 북으로부터 지원을 받기 어려웠던 인민군은 심대한 타격을 받았다.

9월 15일 맥아더 유엔군사령관은 인천상륙작전을 폈고, 9월 28일 서울이 수복되었다. 10월 1일 국군이 38도선을 넘었고, 10월 7일에는 유엔군이 일제히 38도선을 넘어 진격했다. 한반도는 삼면이 바다로 둘러싸였고, 동서가 짧은 반면 남북이 길기 때문에 제해권과 제공권을 장악한 유엔군이 인천-원산선을 돌파하면 예비병력이 미약했던 인민군으로서는 패주를 거듭할 수밖에 없었다. 10월 20일 평양이 점령되었고, 11월에는 중국과 국경을 맞대고 있는 압록강변 및 중국·러시아와 국경을 맞대고 있는 두만강 가까이까지 국군과 유엔군이 진출했다.

하지만 정세는 중국군의 공격으로 다시 역전되었다. 압록강·두만강까지 미군이 진출하는 것은 자국의 안보에 중대한 영향을 줄 수 있다고 판단한 중국이 인민지원군의 이름으로 북에 들어와 10월 하순에 1차 공세를 폈고, 11월 하순에 대대적인 공세를 취했다. 미군의 심대한 패배에 한때 트루먼 미대통령은 원자탄 사용까지 고려했다. 중국군은 1951년 1월 평택과 제천 부근까지 진격해왔다. 그렇지만 미군의 공세로 3월에는 다시 38도선 부근에서 전투가 벌어졌다. 4월 트루먼 대통령은 맥아더를 유엔군사령관에서 해임했다.

1951년 5월 이후 전투는 지금의 휴전선 부근에서 일진일퇴를 거듭했다. 어느 쪽도 승리하기가 어렵다는 것이 분명했고, 정전이 조속히 이루어지는 것이 피해를 최소화하는 길이었다. 그러나 정전의 길은 멀기만 했다. 1951년 7월부터 시작된 휴전회담은 11월 초까지 군사분계선 설정 문제로 시간을 끌었고, 그 다음부터는 포로 송환 문제로 1년 반 이상을 끌었다. 중국군과 인민군 포로가 일방적으로 많았던 것도 한 요인이었지만, 한국전쟁은 이데올로기 전쟁이었기 때문에 미군과 공산군은 지루하게 신경전을 벌였다. 휴전회담은 1953년 6월 18일 이승만 대통령이 북한반공포로 석방을 명령해 약 2만 5천 명이 유엔군포로수용소에서 탈주함으로써 위기에 봉착했지만, 7월 27일 유엔군과 중국군, 북한군 대표가 휴전협정에 서명해 3년 이상 계속된 전쟁이 끝났다. 이 대통령은 휴전에 반대하고 단독북진도 불사하겠다고 역설했다.

7. 전쟁의 피해와 영향

전쟁은 남과 북 민간인들에게 엄청난 피해를 주었다. 전투가 중부 지방에서만 벌어졌어도 피해는 훨씬 적었을 것이다. 그런데 전쟁이 일어나면서 남의 대부분 지역이 인민군 수중에 들어갔고, 유엔군의 인천상륙작전 이후에는 북의 대부분 지역이 국군과 유엔군 장악하에 들어갔으며, 그 뒤 중국군이 참전해 중부 지방 남쪽까지 밀고 내려오는 등 적군과 아군의 위치가 여러 번 바뀌면서 한반도 전체가 전쟁터가 되었다. 또 이데올로기 전쟁의 성격을 띠고 있어서 전쟁 피해는 한층 더 클 수밖에 없었다.

전쟁으로 아주 많은 민간인이 희생되었다. 이승만 정부는 1950년 7월 초부터 형무소 재소자와 보도연맹원·요시찰자를 처치했다. 미 대사관 문서에 의하면 대전형무소 재소자 중 약 1,800명이 7월 첫째 주 3일간에 걸쳐 처형되었다. 1949년 6월에 사상선도단체로 사상검사에 의해 임의로 조직된 보도연맹 가입자 및 요시찰인을 남한 각지에서 경찰서 단위로 집합시켜 사살했던 바, 최소한 5만 명 이상, 어쩌면 10만 명 이상이 경찰과 군인에 의해 희생된 것으로 추정된다.

미군은 1950년 7월 하순에 충북 영동군 노근리에서 기관총을 난사해 민간인 수백 명이 희생되었다. 미군에 의한 민간인 희생은 그 밖에도 여러 곳에서 발생했다. 빨치산과 인민군에 의한 민간인 희생도 컸다. 빨치산을 토벌하기 위해 편성된 11사단에 의해 거창·고창 등 여러 지역에서 민간인 희생이 발생했다. 좌익과 우익 간의 보복학살도 적지 않았다. 유엔군이 북으로 진격하면서 황해도 신천 등 여러 곳에서 대규모의 민간인 희생이 있었다.

인민군이 한때 남한을 점령했던 지역에서는 부역자가 대량으로 발생해 처단되었다. 인민군 점령 지역에서 주민들은 인민재판과 강제노역, 물품징수 등으로 큰 고통을 겪었다. 피난민, 월남민들의 고통도 컸고, 전쟁미망인, 전쟁고아가 대량으로 발생했다. 월북자와 집단학살 희생자 가족들은 연좌제에 묶여 고통을 받았다. 각지에서 있었던 주민 집단학살 및 부역자 처리와 연좌제, 빨치산·인민군에 의한 희생 등 전쟁으로 인한 갖가지 고통은 남한에서 극우반공체제가 장기간 지속되는 기반이 되었다.

전쟁은 남과 북이 정치·사회·문화에서의 다양성이나 다원성을 축소시키거나 제거하고, 경직된 단일체제를 강화하는 데 중요한 작용을 했다. 남은 냉전적 사고가 지배했고, 반공이데올로기에 대한 어떤 비판도 허용되지 않았다. 북은 김일성 세력 외에 어떤 정치세력도 용납되지 않았으며, 1970년대에는 수령유일체제가 지배하는 주체사상의 나라가 되었다.

휴전협정이 체결될 무렵부터 이 대통령은 정권이 붕괴될 때까지 학생과 노동자, 시민 등을 동원해 북진통일운동·반공운동을 대대적으로 벌였다. 북진통일운동은 반공체제를 강화함과 동시에 이승만의 권력 강화에 기여했다. 이승만 대통령은 덜레스 미국무장관, 아데나워 서독수상, 장제스(蔣介石) 자유중국총통과 어깨를 나란히 하는 반공투사였다. 그는 반공존정책을 철저히 고수했고, 공존정책 또는 화해정책은 공산권의 붉은 마수에 넘어간 유화정책이라고 공격했으며, 미국은 자유세계의 단합을 위해 소련과의 정상회담이나 어떤 협상도 극력 피해야 한다고 주장했다. 미국정부는 이승만과 충돌하기도 했으나 기본적으로 그의 반공정책을 신뢰했고, 그래서 그가 어떤 정치를 하든 지지했다.

휴전협정은 체결되었지만, 남과 북은 극한적으로 대립했고, 총소리 없는 전쟁은 계속되었다. 그와 함께 남과 북의 정권은 상대방 체제를 빌미로 하여 독재를 강화했다. 남과 북의 군사대결은 군대의 역할을 확대시켰다. 한국정부는 1950년 6월 전쟁이 발발했을 때 군인이 10만 명도 안 되었다. 그러나 전쟁이 끝날 무렵 60만 명에 육박했고, 한때 72만 명이 되기도 했으나 대체로 60만 명을 상회하는 수준에 머물렀다. 선발된 많은 장교들이 미국에 가서 교육을 받았고, 군대는 첨단시설을 보유했다. 군인들은 정치권을 넘보았고, 1961년 5월 쿠데타를 일으켜 집권했다. 그 뒤 군복 벗은 군인들이 30년이나 권력을 장악했다.

한국전쟁은 국내정치뿐만 아니라 국제정치에도 큰 영향을 미쳤다. 이 전쟁으로 서방진영과 공산권과의 냉전은 더욱 격화되었다. 미국과 소련 간의 핵무기 경쟁이 치열해졌고, 미국은 중국포위정책을 강력히 추진했다. 한국은 미국한테 일본을 지키기 위해서도 중요한 반공보루였고, 반공의 최전선이었다.

전쟁이 끝났을 때 한국은 놀라울 정도로 사회가 평등화·평준화되어 있었다. 양반과 상놈의 차별이 심했고, 노비가 오랫동안 존재했지만, 일제 통치는 한국인 거의 모두를 피지배자, 무산자로 만들었고, 해방 후 혁명적 사회운동과 농지개혁은 평등화·평준화를 촉진시켰다. 전쟁 직후 인민군이 들어온 지역은 지배자와 피지배자의 위치가 바뀌었다. 이처럼 여러 가지 요인이 작용해 신분차별이 없는 사회가 되었다. 다른 나라처럼 피부 색깔에 의한 차별도 없었고, 종교적 차별도 없었지만, 인권·시민의식을 수반하지 않은 하향 평준화였다. 또 극우반공체제가 다원화를 용납하지 않았기 때문에 사회단체는 대개가 정부에 종속되었다. 유일한 노동단체인 대한노총은 대표적인 어용단체로 지목받았다.

사회의 평준화는 교육열풍을 몰고 왔다. 한국인은 원래 교육에 대한 열의가 높은 데다, 누구든지 일류학교를 다니면 좋은 사회적 지위를 얻을 수 있었기 때문에 초등학교부터 교육 붐이 거세게 일어났다. 한국은 아시아에서 일본 다음으로 교육수준이 높은 나라가 되었다. 교육을 받은 대량의 산업예비군은 1960년대부터 가속화된 경제발전의 기본 동력이 되었다. 그와 함께 학연과 지연이 출세하는 데, 또 기업 활동을 하는 데 중요했다. 박정희 정권도 그랬지만, 특히 이 승만 정권에서는 자신을 돌봐주는 '빽'이 있어야 기를 펴고 살 수 있었다.

전쟁은 남녀관계에도 많은 변화를 일으켰다. 전쟁으로 수많은 여성들이 생활전선에 뛰어들었다. 한국 여성들은 경제적으로 남성에 종속돼 있었는데, 전쟁으로 경제 활동을 할 수 있는 남자가 집안에 없는 경우 여성이 행상을 해서라도 생계를 책임지지 않으면 안 되었다. 전쟁으로 새로운 성문화가 등장했다. 미군이 주둔하는 지역에서부터 시작된 서양 춤 '댄스'가 점차 도시에 유행하면서 성문란이 사회적 관심을 끌었고, 폐쇄적인 성문화가 조금씩 개방적으로 되어갔다. 1954년에는 키스신이 등장하는 영화도 나왔다. 한국인은 유난히 흰옷을 많이 입었는데, 1954년경부터 나일론이 들어오고 일제 비로드(벨벳)치마와 일제 양단 저고리가 유행의 총아가 되면서 도시의 젊은 여성을 중심으로 새로운 감각의 패션이 등장했다.

8. 영구집권의 야욕

이승만은 1952년 정부통령 선거가 치러질 때 77세의 고령이었으나 권력에 대한 집착이 조금도 줄어들지 않았다. 그는 자신만이 나라를 이끌어갈 수 있다고 확신했다. 제헌헌법에 따르면 정부통령은 국회에서 선출하게 되어 있었지만, 이승만이 국회에서 대통령에 재선될 가능성은 희박했다. 국회는 이미 여러 차례 이 대통령과 충돌했다. 국회의원들은 부역자 처리에서 인권 유린 사태를 방지하고자 했고, 11사단에 의해 저질러진 거창 양민학살 사건과 군 간부들의 대규모 부정 사건이었던 국민방위군 사건의 엄정한 처리를 요구했다. 그리고 이시영 부통령이 국민방위군 사건에 항의해 사직하자 이승만의 정적인 김성수를 제2대 부통령으로 선출했다. 국회의 주도세력은 내각책임제로 개헌을 해 책임정치를 구현할 수 있는 정당 조직에 착수했다.

이승만은 자신의 지시에 충실히 따를 정당이 필요했다. 1951년 8월 15일 광복절에 그는 신당을 조직하라는 담화를 발표했다. 전쟁 발발 직후부터 임시수도였던 부산에서는 그해 12월 23일 국회의원들을 중심으로 한 (원내)자유당과 이승만 지지세력에 의한 (원외)자유당이 발당식을 가졌다. 같은 날 두 개의 자유당이 탄생한 것이다. (원외)자유당은 대통령중심제와 정부통령직선제를 주장했다. (원외)자유당에는 국민회·대한노총·대한부인회·대한청년단·대한농총 등이 참여했으나, 주도세력은 미군정의 지원을 받았던 이범석의 민족청년단계(족청계)였다. 또한 (원외)자유당은 관권을 업고 조직을 확대한 관제정당이었다. 이승만 정권이 붕괴될 때까지 집권여당이었던 자유당은 오로지 이승만의 명령에 복종하는, 이승만을 유일 절대 지도자로 모신 정당이라는 점에서 일반 정당과 차이가 있었다.

이승만 정부는 정부통령직선제에 민의원(하원)과 참의원(상원)으로 국회를 구성하는 양원제를 포함시킨 개헌안을 1951년 11월 국회에 제출했으나, 1952년 1월 국회의원 163명이 투표해 가 19표, 부 143표, 기권 1표라는 엄청난 차이로 부결되었다. 그러자 백골단, 땃벌떼, 민중자결단 등의 돌격대가 출현해 민의를 따르라고 외치면서 국회를 공격했다. 1952년 4월과 5월에는 처음으로 지방자치단체의회의원 선거가 시행되었는데, 지방의회의원들도 민의돌격대로 동원되었다.

1952년 4월 개헌안 통과 정족수보다 1명 많은 국회의원 124명의 연서로 내각책임제 개헌안이 국회에 제출되었고, 5월에는 정부에서 부결된 개헌안을 약간 수정한 개헌안을 제출했다. 5월 24일 경찰총수인 내무장관에 이범석이 임명되었고, 다음 날 비상계엄령이 부산 일원에 선포되었으며, 26일에는 국회의원을 태운 통근버스가 통째로 헌병대로 끌려갔다. 전방에서는 치열한 공방전이 벌어지고 있었는데, 이른바 부산 정치 파동의 막이 오른 것이다. 곧이어 국회의원 10명이 국제공산당 관련 혐의로 체포되었고, 수십 명의 의원들이 피신했다. 29일에는 김성수가 부통령 사임서를 제출했다. 6월 내내 민의돌격대가 국회를 에워싸고 공격했다.

미국은 처음에는 이승만에 대해 비판적이기도 했지만, 지지를 표명했다. 7월 4일 정부통령직선제·양원제와 내각책임제를 절충한 발췌개헌안이 기립표결로 통과되었다. 그렇지만 양원제는 이승만 정권이 붕괴될 때까지 실현되지 않았다.

1952년 8월 5일 정부통령 선거가 실시되었다. 대통령에는 이승만이 압도적으로 많은 표를 얻어 당선되었으나, 2위 득표를 한 조봉암이 이승만의 라이벌로 부상했다. 부통령은 놀랍게도 유권자가 이름도 몰랐던 함태영이 자유당 부당수 이범석을 누르고 당선되었다. 경찰의 힘에 의해서였다. 이승만은 부통령이나 국무총리를 거추장스러운 장식품으로 생각하고 있었기 때문에 순종적인 79세의 노인을 선택한 것이다.

이승만은 발췌개헌으로 장기집권을 할 수 있는 교두보를 확보했지만, 대통령의 중임은 1차에 한한다는 헌법조항이 그것을 가로막고 있었다. 먼저 이승만은 자유당에서 이범석 등 족청계를 숙청하고 자신한테 절대 복종하는 이기붕을 제2인자의 자리에 앉혔다. 그리고 1954년 5월 20일에 치른 민의원 선거에서 초대 대통령에 한해 대통령을 계속할 수 있다는 헌법 개정안에 찬성한다는 각서를 쓰는 사람에 한해 자유당 공천을 주었다. 정당공천제는 이런 식으로 시작되었다. 5·20선거에서 자유당은 압승했다. 역시 경찰이 최대 공로자였다. 이 선거에서 친일파가 다수 당선되어 자유당 간부가 되었다.

자유당은 무소속의원을 끌어들여 개헌선을 확보했지만, 내부 반란표가 두려워 국회에 헌법 개정안을 상정하지 못했다. 그런데 야당인 민국당 대표 신익희가 뉴델리에서 납북된 조소앙을 만났다는 뉴델리 밀회 사건이 민국당 내에서 발설되자 반공 분위기를 고조시켜 1954년 11월 27일 표결에 부쳤다. 그러나 한 표 차로 부결되고 말았는데, 정부에서 사사오입을 하면 통과된 것이라고 강변해 11월 29일 국회는 야당의원들이 퇴장한 속에서 부결번복, 가결동의안을 통과시켰다. 이승만이 억지를 부려 악명 높은 사사오입개헌이 이루어진 것이다.

9. 민심의 이반

이 대통령은 사사오입개헌으로 영구집권의 길을 열었고 독재를 강화했으나, 사사오입개헌, 정권의 무능과 부정부패로 민심이 급속히 이 대통령과 자유당으로부터 멀어져갔다. 이런 상태에서 이승만은 1956년 정부통령 선거를 맞았다. 1952년 정부통령 선거는 전쟁 중에, 1954년 민의원 선거도 전시체제에서 벗어나지 못한 상태에서 치렀지만, 1956년 정부통령 선거는 그렇지 않았다.

이승만은 선거운동이 시작되기 이전에 대대적으로 사전선거운동을 벌였다. 1956년 3월 5일 자유당에서 대통령후보에 이승만, 부통령후보에 이기붕을 지명하자 1952년처럼 처음에는 대통령에 출마하지 않겠다고 선언했다. 3월 23일까지 '민의시위'가 각지에서 벌떼같이 일어나 5백만 명이 동원되고, 3백만 명 이상이 탄원서를 제출

1954년 사사오입개헌을 할 때 국회 주변에 모인 사람들

하자 그제서야 대통령후보 등록을 했다. 그렇지만 선거운동이 시작되자 서울 등 대도시에서 1955년에 보수야당 정치인을 집결시켜 조직한 민주당의 대통령후보 신익희와 진보세력이 결집된 진보당추진위원회의 대통령후보 조봉암의 인기가 대단했다. 특히 민주당의 "못살겠다 갈아보자"는 구호가 선풍적인 인기를 모았다. 그런데 신익희 후보가 유세 도중 사망해 대통령후보는 이승만과 조봉암으로 좁혀졌다.

5월 15일 선거 결과 대통령의 경우 이승만 504만여 표, 조봉암 216만여 표, 신익희 추모표가 대부분인 무효표가 185만여 표로 발표되었다. 서울에서는 무효표가 이승만 표보다 훨씬 많았다. 부정개표가 몹시 심했던 것을 감안하면 "투표에 이기고 개표에 졌다"라는 조봉암 주장도 설득력이 없는 것은 아니었다. 더구나 부통령 선거에서는 민주당의 장면이 자유당의 이기붕을 20여만 표 차이로 누르고 당선되었다. 이 대통령은 당시 81세여서 언제 죽을지 알 수 없는데, 사사오입개헌에 의해 유고시 대통령 직위를 승계하도록 되어 있는 부통령에 야당 후보가 당선된 것이다. 이승만은 자존심에 치명적인 상처를 입었고, 자유당은 초상집이나 다름없었다.

이 대통령은 장 부통령을 아예 무시했다. 장 부통령이 이 대통령을 비판하자 자유당은 야당의원이 퇴장한 상태에서 장부통령담화경고 결의안을 통과시켰다. 1956년 7월 28일 민주당 전당대회에 참석한 장 부통령은 괴한으로부터 총격을 받아 경상을 입었다. 배후는 경찰

1958년 법정에 선 진보당 사건 관련 피고인들

이었고, 그 뒤에는 자유당과 경찰 고위간부가 있었다.

평화통일을 주장하고 피해대중을 위한 정치를 펴겠다던 조봉암은 1956년 11월 사회민주주의를 표방하며 진보당 결성식을 가졌지만, 지방당부 결성대회는 괴한의 난동과 테러로 유회되기 일쑤였다. 1958년 1월 간첩 등의 혐의로 조봉암 등 진보당 간부들이 대거 체포되었다. 1심에서 조봉암은 불법무기소지죄만으로 5년형을 받았으나, 2심·3심에서 사형을 선고받았다. 1959년 7월 재심이 기각된 다음 날 냉전에 맞서 싸운 조봉암은 처형되었다.

진보세력이 배제된 채 1958년 5월 2일 치러진 민의원 선거는 그 이전보다도 훨씬 더 경찰의 곤봉과 괴한의 주먹이 난무했다. 한 신문은 "어찌 하늘이 무심하랴"라고 사설 제목을 붙였지만, 갖가지 부정수단이 총동원되었다. 그럼에도 불구하고 자유당은 개헌선을 확보하지 못했고, 민주당은 서울 16개 선거구에서 14석을 획득하는 등 대도시에서 자유당을 눌렀다. 이 선거부터 주로 여당 후보는 관권이 위력을 가진 농촌에서 당선되고, 야당 후보는 정권에 비판적인 도시에서 당선되는 여촌야도 현상이 나타났다.

이승만과 자유당은 선거에 나타난 뚜렷한 민심이반 현상이 야당 성향의 신문보도 때문이라고 믿었다. 그래서 1960년 정부통령 선거를 앞두고 그때까지의 국가보안법보다도 독소조항이 많이 포함된 국가보안법 개정안에다 언론규제조항을 첨가했다. 그와 함께 지방자치단체장들을 확고히 장악하기 위해 임명제로 바꾸고자 했다. 1958년 12월 24일 무술경관 3백 명을 동원해 농성 중인 야당의원을 의사당 밖으로 끌어낸 후 국가보안법 개정안과 시·읍·면장 임명제를 골자로 한 지방자치법 개정안을 통과시켰다. '24파동'으로 국회는 반 년간 마비상태가 되었다.

이승만과 자유당은 영구집권을 위해 과도한 행위를 계속 저질렀다. 이 대통령은 정부와 여당에 친일파를 중용해 맹목적으로 충성을 바치게 했다. 그럴수록 이승만 정권은 경직화되었다. 자유당 간부,

장관이나 경찰 간부들이 망설이며 저지른 극단적인 행위는 점점 더
극한으로 치달았다.

2장

4월혁명과
민주주의

1. 이승만·자유당의 3·15선거 기획

국가보안법 개정안과 지방자치법 개정안을 폭력적 수단을 동원해 통과시킨 이승만 정부는 1959년 3월부터 더욱 구체적으로 그 다음 해에 치러질 정부통령 선거 대책을 세워나갔다. 3월에 내무장관, 법무장관 등 6명의 장관으로 구성된 6인위원회가 조직되어 대통령 특명사항과 공무원 선거 대책 등을 처리했다. 6인위원회는 정부통령 선거에 대한 정부의 핵심 기획기구였다. 또한 같은 달에 이 대통령은 선거주무장관인 내무장관에 최인규를 임명했다. 최인규는 42세에 1958년 5월 민의원 선거에서 당선된 이후 예산결산위원장, 교통장관 등의 요직을 맡았는데, 불과 몇 달 만에 내무장관으로 특별 기용된 것이었다. 그는 정부통령 선거에서 '최후로 써먹을 총알'이라는 말을 자유당 내에서 듣고 있었다.

최인규는 취임하면서부터 이승만의 기대에 조금도 어긋나지 않게 행동했다. 그는 취임사에서 경찰관과 일반 공무원은 이 대통령 각하를 위하는 일이라면 무슨 일이든지 해야 한다면서 공무원의 선거 간여를 독려해 물의를 빚었다. 이어서 최 내무는 35세의 이강학을 치안국장에 임명하는 등 경찰 인사를 대대적으로 단행하고, 5월에는 7개 도지사를 바꿔 선거체제에 돌입했다.

이승만은 자유당도 일찍부터 선거체제에 들어가 만전을 기하도록 했다. 6월 29일 열린 자유당 전당대회는 돌연히 정부통령후보 지명대회가 되었다. 대통령후보에 이승만, 부통령후보에 이기붕이 지명되었는데, 이때에는 대통령에 나서지 않겠다는 담화도 발표하지 않았다. 그 반면 민주당은 조병옥을 지지하는 구파와 장면을 지지하는 신파 간에 심각한 갈등이 계속되어 당분규수습위원회까지 만들었다. 11월 26일 민주당은 대통령후보에 조병옥, 부통령후보에 장면을 지명했지만, 당내 분쟁은 가라앉지 않았다.

이 대통령은 12월에 가진 기자회견에서 다음 해에 치를 정부통령 선거를 농번기를 피해 조기에 하겠다고 언명했다. 그때까지 선거는 발췌개헌으로 늦춰진 1952년의 정부통령 선거를 제외하고는 모두 5월에 치러졌다. 사실 5월 초는 농번기도 아니었다. 조기선거에 대해 야당과 대부분의 언론이 반대하고 나섰지만, 정작 정치인들이나

부정선거를 은폐하기 위해 투표용지를 불태우는 공무원들

언론은 이승만의 발언이 얼마나 중요한 결과를 가져왔는가를 나중에야 알았다. 민주당 대통령후보 조병옥은 중병을 앓고 있었고, 그래서 최인규 내무가 3월 중에 선거를 치르겠다고 발언한 며칠 후인 1960년 1월 29일 미국으로 가 월터 리드 육군병원에 입원했다. 조병옥은 조기선거가 등 뒤에서 총을 쏘는 격이라고 비난했으나 2월 3일, 정부는 3월 15일에 선거를 치른다고 공고했다. 자유당에 이어 민주당이 후보 등록을 마친 지 8일 만인 2월 15일 조병옥은 미육군병원에서 사거했다. 민주당은 정부통령후보를 새로 낼 수 있도록 기회를 달라고 했지만, 정부는 들은 체도 하지 않았다. 자연히 대통령후보는 이승만 한 사람으로 좁혀졌다.

정부통령후보 등록을 마감한 2월 13일 이승만은 담화를 발표해 정부통령은 동일정당에서 나와야 하고 그렇지 않으면 자신이 대통령에 당선되더라도 따르지 않겠다고 피력했다. 정부통령 동일티켓제는 합리적이었으므로 이승만이 마음만 먹으면 발췌개헌에서나 사사오입개헌에 쉽게 포함될 수 있었다. 그러나 그때는 말을 잘 듣는 부통령후보를 선택하려는 생각이 있었기 때문에 그것에 신경을 쓰지 않았다. 2월 13일 자유당 부통령후보가 당선되지 않으면 따르지 않겠다고 말한 것은 명백히 헌법 위반이었다. 그런데 이승만의 발언에는 어떻게 해서든지 이기붕을 부통령에 당선시키라는 뜻이 함축되어 있었다. 최인규 등 장관과 자유당 간부들, 경찰의 어깨가 한층 무거워지지 않을 수 없었다.

이미 최인규 등은 부정선거 계획을 착착 진행시키고 있었다. 그는 치안국장 등을 대동하고 1959년 11월부터 12월에 걸쳐, 그리고 1960년 1월부터 2월에 걸쳐 각 시·도 경찰국장 및 사찰과장, 경찰서장, 시장, 군수, 구청장 등을 소집해 공무원선거운동이 위법이라고 하더라도 내가 처벌하지 않겠고, 징역을 살아도 내가 살겠다며 무슨 일이 있어도 자유당 후보를 당선시켜야 한다고 역설했다. 그리고 그 방법으로 4할 사전투표, 3인조·9인조 공개투표, 완장 착용, 민주당 참관인 매수와 축출 등을 지시했다. 1960년 1월 23일 치러진 영주, 영일 을구 보궐선거에서 무더기투표, 3인조 공개투표, 대리투표, 민주당 측 참관인 축출 등이 발생했고, 자유당 후보가 압도적인 득표로 당선되었다. 예행연습이었다.

2. 마산시위에서 4·19항쟁으로

한국은 근·현대에 신세대와 구세대 간의 갈등이 심했다. 구세대는 보수성이 강한 반면, 학생·청년들은 외래선진문화를 빠른 속도로 수용하면서 부조리한 현실을 타파하려는 성향이 강했다. 일제강점기에 학생들은 노동·농민·청년운동에 앞장섰고, 끊임없이 항일투쟁을 전개했다. 해방 3년기에 학생들은 학내에서 좌·우익으로 나뉘어 투쟁을 했고, 기성세대의 좌우투쟁에 동원되기도 했다. 그렇지만 이승만 정부 수립 이후 학생들은 관제데모에 자주 동원되었다. 중·고등학생들과 대학생들은 모두 다 1949년에 조직된 학도호국단에 학교별로 편입되었고, 1950년대 내내 계속된 북진통일 궐기대회와 시위, 반공·방일 궐기대회와 시위, 재일교포 북송 반대시위에 동원되었다. 학생들은 정부가 가장 쉽게 동원할 수 있는 대상이었다.

그러나 1960년 2월 28일부터 시작된 학생시위는 성격이 판이하게 달랐다. 이날부터 30여 년간이나 계속된 학생운동은 반독재민주화운동·반외세자주화운동·통일운동의 전위이자 주력이었고, 1980년대 이후에는 노·학연대의 형태로 노동운동 등 사회운동에 깊숙이 참여했다. 학생운동은 대체로 진보적 성향이 강했다. 1961년 5·16군부쿠데타 이후 학생운동은 진보적 정당이 존립하기 어려웠던 상황에서 민중의 입장을 대변했다.

1960년 2월 28일에 일어난 대구 경북고 학생들의 시위는 정부당국의 과도한 조치에 의해 촉발되었다. 일요일인 28일은 민주당의 장면 부통령후보가 대구에서 유세를 하게 되어 있었는데, 당국에서 유세장에 가지 못하도록 일요일에 등교해 학기말 시험을 치르게 하자 분노해 들고일어난 것이었다. 이와 같이 장면 후보 유세를 방해하기 위한 당국의 비열한 책동은 도처에서 발생했다.

2월 28, 29일 양일간 계속된 대구 학생들의 시위는 도화선 역할을 했다. 3월 5일 서울에서 장면 후보의 유세가 끝난 뒤 학생들이 시위를 벌였다. 3월 8일 대전고 학생들도 격렬한 시위를 벌였다. 3월 10일부터 14일까지 부산·대전·수원·청주·충주 등지에서 학생들이 시위를 벌였는데, 부산과 서울의 데모가 규모가 컸다. 이날까지 학생들의 시위에서는 "부정선거 배격하자" 등의 구호도 나왔지만 학원의 자유를 간섭하지 말라는 구호가 많았다.

3월 15일 실시된 정부통령 선거는 지방에 따라서 다소 차이가 있었지만 곳곳에서 사전투표, 3인조 공개투표, 대리투표, 민주당 참관인 축출 등 많은 부정이 저질러졌다. 민주당은 투표가 진행 중인 4시 30분에 3·15정부통령선거가 전적으로 불법·무효라고 선언했다. 선거 결과 이승만 후보가 유효투표의 88.7%에 해당하는 9,633,376표,

이기붕 후보가 유효투표의 79%에 해당하는 8,337,059표, 장면 후보가 1,843,758표로 발표되었다. 1956년 부통령 선거에서 장 후보가 이 후보보다 20여만 표가 더 많았고, 그 뒤 자유당에 대한 민심이 더욱 악화되었는데도 불구하고, 이기붕이 장면보다 4배 이상을 득표했다는 것은 이 선거가 얼마나 극심한 부정선거였는가를 이승만·자유당 간부·장관이 아니더라도 누구나 알 수 있게 했다.

거의 모든 선거구에서 유권자들이 중압감에 눌려 있었는데, 부산 부근에 있는 항구도시 마산에서 격렬한 시위와 유혈 사태가 발생했다. 사전투표, 3인조 공개투표 등 갖가지 부정투표에 민주당 마산시당은 오전 10시 30분에 선거 포기를 선언했다. 마산시당 상급당인 경남도당은 오후 1시 30분에 선거 무효를 선언했다. 마산에서 민주당원이 중심이 된 시위에 시민·학생들이 합세해 오후 7시 30분경에는 시위군중이 1만여 명으로 불어났다. 그때부터 경찰이 총을 쏘았고, 흥분한 군중들은 여당계 신문사인 서울신문사, 자유당선거대책위원회 등이 입주한 건물과 파출소 등을 파괴했다. 이날 8명이 사망하고, 70여 명이 부상당했다.

제1차 마산시위 이후 여러 지역에서 데모가 있었지만, 제2차 마산시위만 없었더라면 3·15선거 결과가 기정사실로 넘어갈 가능성이 있었다. 경찰이 마산시위 배후에 공산당이 있는 것처럼 몰아가려는 것에 분노하고 있던 마산의 학생·시민들은 4월 11일 실종된 김주열 학생의 시체가 중앙부두 앞바다에서 발견되자 일제히 궐기했다. 이

날 오후 6시경에는 시위자가 3만 명이나 되었다. 이 시위에는 수많은 어머니들이 가담해 "죽은 내 자식을 내놓아라"라고 소리 질렀다. 밤에 다시 경찰 총격으로 2명이 사망했다. 시위는 12, 13일에도 계속되었다. 이 대통령은 13일과 15일에 잇달아 특별담화를 발표해 마산폭동의 배후에 공산당이 있다는 혐의를 씌우며 위협하는 것으로 사태를 수습하려고 했지만, 상황은 이미 걷잡을 수 없는 단계에 들어가고 있었다.

제2차 마산시위에 해인대생들이 참여한 것을 제외하면 그때까지 대학생들이 집단적으로 시위를 벌인 적은 없었다. 그렇지만 제2차 마산시위를 보고 대학생들은 더 이상 좌시할 수 없다고 생각했다. 제일 먼저 고려대생들이 4월 18일 교문을 박차고 나와 서울시청 부근에 있는 국회의사당 앞에서 연좌시위를 벌였다. 사태를 더욱 악화시킨 일은 그 뒤에 발생했다. 고려대생들이 학교로 돌아가는데 청계천 4가에서 정치깡패들이 습격해 십수 명의 학생이 쓰러졌고, 그 다음 날 조간신문에 그 장면이 사진과 함께 크게 보도되었다. 신문에는 연일 학생시위가 자세히 보도되었다. 3, 4월항쟁에서 신문은 사태 진전에 적지 않은 영향을 미쳤다.

4월 19일 화요일 아침에 조간신문을 보면서 학생과 시민들은 이날 데모가 있을 것이라 예감했지만, 그렇게 큰 규모의 시위와 유혈사태가 일어나 이승만 정권을 결정적인 국면으로 몰고 갈 것이라고는 전혀 생각하지 못했다. 19일 선언문과 격문 등을 받아쥔 서울대

1960년 4월혁명의 전조를 알리는 4월 19일의 시위 장면

문리대생들이 9시 20분경 교문을 나서자 부근에 있는 법대생, 미대생들이 합세했다. 10시 30분경 3천여 명의 서울대생들이 국회의사당 앞에 모였고, 뒤이어 서울대 사대와 상대, 건국대생들이 달려왔다. 동성고 학생들과 고려대생도 나왔다. 동국대생 2천 명이 11시경 쏟아져나온 것을 비롯해 연세대, 중앙대 등 여러 대학교 학생들이 거리로 나섰다. 의대생들은 흰 가운을 입고 나왔다. 중·고생들도 속속 참여했다.

시위 양상은 11시 50분경 동국대생들이 조선총독부 청사였던 중앙청과 조선총독 관저였고, 당시에는 이 대통령 관저인 경무대(현 청와대)쪽으로 향하면서 바뀌었다. 다른 대학 학생들과 동성고생들이 그 뒤를 따랐다. 이때부터 "이승만 물러가라"는 구호가 나왔다. 실업자, 구두닦이, 신문팔이 등도 데모에 합세했다. 오후 1시 40분경 경무대 앞에서 경찰이 일제히 발사해 21명이 사망하고 172명이 부상당했다. 2시 50분경에는 중앙청 부근 무기고에서 경찰의 무차별 발사로 8명이 숨졌다. 시위대가 이기붕 국회의장 집으로 몰려들기 직전 오랜 질환이 더욱 악화돼 몸을 잘 가누지 못했던 이기붕은 6군단 사령부로 피신했다. 2시 반경 시위대는 20만 명으로 늘어나 서울 시내 주요 거리는 시위대 물결로 뒤덮였다. 5시 이후에도 광화문에서 세종로, 서울시청 일대에서 경찰과 시위대 간의 밀고 밀리는 싸움이 계속되었다. 서울신문사와 반공회관에 불이 치솟는 등 건물 26개소가 파괴되었다. 이날 시위로 서울에서 104명이 사망했다.(부상자로 4월 21일까지 사망한 자 및 경찰관 3명 포함)

이승만 정부는 2시 40분경 서울 일원에 경비계엄을 홍진기 내무장관 제의로 1시로 소급해 선포했다.(계엄사령관 송요찬 육군참모총장) 4시 반에는 부산·대구·광주·대전에도 경비계엄이 선포되었고, 5시에는 서울 등 5개 도시에 비상계엄이 선포되었다. 비상계엄 선포 이후에도 곳곳에서 사망자가 발생했다. 서울 지역 출동명령을 받은 육군 15사단은 밤 8시에 서울 동쪽에 있는 중량교 부근에 집결해 10시에 동대문, 종로를 거쳐 중앙청에 들어왔다. 계엄군은 공포탄을 지급받으면서 발포하지 말라는 지시를 받았다.

4월 19일에는 지방에서도 대규모 시위와 유혈 사태가 있었다. 오전 10시 40분경 광주고 학생들이 거리로 뛰쳐나오자 여러 고등학교 학생들이 합세했다. 1980년 5월 광주항쟁의 주무대였던 금남로 일대에는 시위대가 약 5천 명으로 불어나 경찰과 심한 몸싸움을 벌였다. 시민들은 이때에도 물을 나르며 성원했다. 비상계엄이 선포되고 통행금지령이 내렸는데도 1만 명의 시위대가 경찰과 격전을 벌였다. 9시 20분경 경찰 발포로 6명이 사망하고, 70여 명이 부상을 입었다.

부산에서는 19일 11시를 지나 경남공고생과 데레사여고생들이 시위를 벌이자 시민과 학생들이 시위대열에 가담했다. 그러면서 시위 양상은 점차 과격해졌다. 비 내리는 오후에 시위대는 경찰 지프 등에 불을 질렀고, 군중들이 동부산경찰서로 몰려들었을 때 기관총이 불을 뿜었다. 이날 시위로 13명이 사망했고,(부상자로 22일까지 사망한 사람 포함) 60여 명이 부상했다. 대구 경북대생, 청구대생도 시위를 벌였고, 청주와 인천에서도 시위가 있었다.

'피의 화요일'이라고도 불린 4월 19일 항쟁은 '4·19혁명'으로 널리 알려졌다.

시위대를 무차별하게 공격하고 있는 경찰

3. 이승만 정권 무너지다

계엄군은 경찰과 달리 대화로 학생시위대를 해산시켰다. 또 송요
찬 계엄사령관은 학생신분이 확실한 자는 석방하고, 방화·살인자만
연행하도록 지시했다.

미국은 4월 19일 대사관 직원을 통해 사태의 성격을 파악하고자
했는데, 이날 이후 이승만 정권에 대한 태도도 바뀌었다. 미국정부
는 3·15부정선거를 사실상 묵인했고, 아이젠하워 대통령의 한국 방

문도 예정대로 할 것임을 분명히 했는데, 4·19시위를 목격하고는 이승만 정부가 정당한 불만을 해결해주기를 희망한다는 요지의 성명을 주한미대사 이름으로 발표했다. 20일 미국무부는 민주화를 촉구하는 성명서를 발표했다. 학생들과 시민들도 1980년대 광주항쟁 이후의 학생운동과는 다르게 미국에 호의적인 태도를 보였다.

4·19시위에 이 대통령과 국무위원, 자유당 간부들은 몹시 당황했다. 4월 21일 국무위원들과 자유당 간부들은 이렇다 할 수습책을 제시하지 못한 채 일괄 사표를 냈다. 이승만은 국무총리서리였던 허정과 국무총리였던 변영태를 불러 수습책을 논의했다. 그들은 이기붕의 부통령 당선 취소와 재선거, 이승만의 자유당 총재직 사퇴 등을 권했다. 4월 23일 이기붕은 부통령 당선 사퇴를 고려한다고 발표했는데, '고려'라는 이 말 때문에 파문이 일어났다. 이날 이승만과 사이가 나빴던 장면이 부통령직을 사임했다. 이로써 대통령이 사임하면 대통령권한을 수석국무위원인 외무장관이 승계할 수 있게 되었다. 24일 이승만은 정당에 초연하겠다는 수습책을 발표했는데, 그것은 수습책이 아니었다. 그는 이때까지도 자신의 사퇴는 물론이고, 발포 책임규명, 재선거, 부정선거 책임에 대해 언급을 회피했다.

4월 19일 이후에도 각지에서 산발적으로 시위가 있었지만, 4월 25일의 대학교수 데모는 이승만 정권을 붕괴시키는 데 큰 역할을 했다. 25일 서울대 교수회관에는 3백 명에 가까운 교수들이 모여 시국선언문을 채택했다. 교수들은 시국선언문에서 학생데모를 불의에 항거한 민족정기의 발로로 규정하고, 대통령·국회의원·대법관 사퇴를 촉구하며, 정부통령 선거 재실시, 부정선거 원흉 처단을 요구했다. 교수들은 오후 5시 50분경 "학생의 피에 보답하라"고 쓴 플래카드를 들고 시위에 나섰다. 기다렸다는 듯이 학생들이 합류해 얼마 후에는 4, 5만 명이 되었다. 계엄군은 시위대를 어쩌지 못하고 당황해했다. 이승만 사임을 요구하는 시위대의 목소리가 밤늦게까지 울려퍼졌다. 이날 이승만은 외무장관에 허정을 임명했다.

4월 19일로부터 1주일이 지난 26일, 통금해제 시간인 5시경부터 시위가 시작되었다. 학생과 시민들은 약속이나 한 듯 세종로, 국회의사당 쪽으로 몰려나왔다. 9시경에는 3만여 명의 시위대가 광화문 일대를 가득 메웠다. 소년시위대원들이 계엄군 탱크 위에 올라탔다. 9시 45분경 군중들이 파고다공원에 서 있는 묵중한 이승만 동상을 끌어내려 질질 끌고 다녔다.

이 대통령은 아무도 자신을 지켜주지 않는 것을 알았다. 군은 중립을 지키고 있었고, 미국도 더 이상 지지하지 않았다. 믿었던 김정열 국방장관과 허정 외무장관도 사임을 권고했다. 이승만은 비서한테 사임서를 받아쓰게 했다. 10시경 송 계엄사령관이 데리고 온 학생과 시민대표에게 "국민이 원한다면 대통령직을 사임하겠다"는 하야성명서를 보여주었다. '국민이 원한다면'이라는 문구가 묘한 여운을 풍겼지만, 당시 상황에서 그의 사임은 결정적이었다. 10시 20분경 계엄사에서 이승만 하야를 발표했고, 10시 30분 라디오에서 그의 사

1960년 4월 25일 서울 시내 각 대학교수들이 시위에 나선 모습

임이 보도되었다. 거리는 감격에 휩싸였다. 서로 껴안기도 하고 덩실덩실 춤을 추기도 했다. 이날도 시위로 24명이 사망했다. 4월 26일은 '승리의 화요일'로 불렸다.

4월 27일 이승만은 한때 국회에 제출할 대통령 사임서에 사인하기를 거부했지만, 그로서도 어쩔 수 없었다. 허정이 대통령권한대행이 되었다. 28일 이기붕과 그의 부인, 이승만의 양자이기도 한 큰 아들과 연세대생인 작은 아들이 경무대에서 자살했다. 이날 이승만은 경무대를 떠났다. 5월 29일 이승만은 그가 수십 년간 살았던 하와이로 망명의 길을 떠났다. 그의 망명은 미국이 주선했다.

1960년 2월 28일에서 4월 26일까지 있었던 학생시위는 대개가 상황에 따라서 일어났고, 주도 그룹이나 주도적인 학생들이 있었다고 보기도 어렵다. 그런 점에서 학생시위는 비조직적이고 비계획적이었다. 초기 학생시위는 15~18세의 고등학생들이 주도했다. 그만큼 순수하고 정의감이 강했기 때문이다. 제2차 마산시위에는 어머니들이 학생들과 함께 큰 역할을 했다. 4월 19일의 시위나 25, 26일의 시위에는 구두닦이나 신문팔이 등 불우한 소년들과 실업자들 다수가 뛰어들었다.

학생시위는 초기에는 경찰의 간섭으로부터 학원의 자유를 수호하자는 구호가 가장 빈번하게 나왔지만, 뒤로 갈수록 부정선거 규탄과 독재 배격이라는 정치적 구호가 많이 등장했다. 부정선거 규탄과 독재 배격은 자연히 "이승만 물러가라"는 구호로 이어졌다. 그것은 훼손될 대로 훼손된 상처투성이의 민주주의가 자리를 잡고 제도화되기를 바라는 요구였다. 그런 점에서 4월혁명은 민주주의를 지키기 위한 투쟁이었다. 민주주의를 지키기 위한 투쟁은 서울대 문리대의

4·19선언문에서 제시된 것처럼 극우세력의 백색독재를 거부하는 투쟁이었다. 이승만 정부는 처음부터 반공을 내세워 비판세력을 탄압했고, 사상과 양심의 자유를 억압했으며, 끝내는 2차에 걸친 마산의 거를 배후에 공산당이 있는 것으로 몰고가려고 했다.

4월혁명은 낡은 것, 썩은 것을 몰아내고, 4월의 봄과 같이 새싹이 돋아나는 세상을 만들자는 운동이었다. 80대의 이승만이나 자유당 간부, 국무위원의 대다수를 차지하는 친일파가 바로 낡은 것, 썩은 것을 상징했지만, 한국사회는 봉건적인 낡은 인습이 강하게 잔존해 있었다. 관존민비·남존여비 현상은 그런 관습을 단적으로 보여주었다. 그것은 모든 퇴영적인 것, 또 침체되고 암울했던 1950년대로부터 벗어나려는 운동이기도 했다. 4월혁명으로 한국인은, 특히 학생과 지식인이 그랬지만, 일종의 정신혁명을 가졌다.

4. 민주주의의 신장

1960년 4월 26일부터 1961년 5월 16일에 이르는 4월혁명기는 1948년 정부가 수립된 이후 가장 자유가 많았고, 민주주의가 활성화된 시기다. 이런 자유와 민주주의는 1987년 6월민주항쟁 이전 시기까지 찾아볼 수 없다는 점에서 4월혁명기는 현대사에서 의미 있는 시기다. 그렇지만 4·19혁명의 주도세력은 학생이라는 제약 때문에 그 이후 정치에 참여할 수 없었고, 4·26 이후 정권을 담당한 허정 과도정부와 장면 민주당 정부는 4·19항쟁을 외면하거나 거의 방관한 비혁명적 세력 또는 반혁명적 세력이라는 점에서 4월혁명의 과업을 수행하는 데 기본적인 모순과 한계를 지니고 있었다.

과도정권 시기에 권력은 허정 과도내각과 국회로 양분되어 있었다. 유능한 행정관료였던 허정은 과도내각 구성이나 검찰·경찰의 인사나 도지사 등 지방정부 인사에서 참신성보다는 무난히 과도기를 관리할 수 있는 현상유지 수준을 벗어나지 않았다. 허정 과도내각은 부정선거 원흉의 처단, 부정축재자 처리, 친일인사 배제에서 소극적일 수밖에 없었다. 허정 과도정부의 기본 정책은 5월 3일 허정이 밝힌 당면 5개 시정방침에 잘 함축되어 있다. 5개 시정방침의 첫째로 한층 더 확고히 반공정책을 추진하겠다고 한 것이나, 셋째로 5열을 적발하고 치안을 회복하기 위한 조치를 취하겠다는 방침, 넷째로 한·미관계에 성실히 협조하겠다는 방침은 기존의 이승만 정부정책을 이어받겠다는 의사를 천명한 것이었다. 그러나 다섯 번째로 한·일관계 정상화가 가장 중요한 외교 문제 현안이라고 밝힌 것은 이승만의 반일정책을 전면적으로 수정하겠다는 것으로, 미국의 요구에 대한 대답이기도 했지만, 당시 여론의 향배에도 대체로 부합하는 정책이었다. 가장 중요한 것은 두 번째 항목이었다. 허정은 여기서 부정선거 처벌은 소수에 국한하겠다고 밝히고, "혁명적 정치개혁을 비혁명적 방법으로 단행"할 것임을 분명히 했다. 이런 과도정부의 태도는 부정선거 원흉, 부정축재자 처리에서 반혁명성을 드러냈고, 그리하여 "혁명은 좌절되었다"는 '4월비혁명론'이 대두하게 되었다.

민주주의 개혁은 국회의 몫이었다. 4·26 직후 일각에서는 새 술은 새 부대에 담아야 하듯이 먼저 총선을 실시해 자유당 국회를 혁파한 뒤 개혁할 것을 주장했으나 민주당은 그럴 의사가 없었다. 국회에서의 입법 활동은 소수파인 민주당이 다수파인 자유당의 목덜미를 움켜잡고 진행하는 형국이었다. 그러나 실제로는 4월혁명이 민주당과 자유당으로 하여금 민주주의 개혁을 하지 않을 수 없도록 했다. 제헌국회에서부터 줄곧 제기되었던 내각책임제로의 개헌은 6월 15일 이루어져 바로 공포되었다. 이와 함께 양원제가 채택되었고, 헌법재판소 상설이 명문화되었다. 또 대법원장과 대법관은 독자적으로 조직되는 선거인단에서 선출하도록 했다. 정당보호조항도 신설되었다. 국회의 민주주의 개혁에서 자유가 대폭 신장된 것도 눈에 띄었다. 헌법에서 기본권에 대한 제한조항이 철폐되었고, 신문·정당 등의 등록도 허가제를 없앴고, 국가보안법에서 언론조항 등을 삭제했다.

새 의회를 구성할 민의원·참의원 총선은 7월 29일 함께 치르도록 했다. 민의원은 소선거구제였고, 참의원은 대선거구제였다. 총선 초기만 해도 혁신계 진출이 기대되었다. 조봉암·진보당 사건 이래 활동을 정지하다시피 했던 혁신계는 이승만 정권이 붕괴되자 서둘러 사회대중당 등의 조직에 착수했다. 6월 초만 해도 신문에서는 혁신계가 20~30석을 차지할 것으로 전망했다. 그러나 선거 중반에 접어들었을 때 혁신계는 패배를 면치 못할 것으로 보도되었다. 혁신계는 이승만 정권의 핍박으로 선거 기반도 재력도 없는 데다 분열되어 있어서였다. 승리가 확실한 민주당은 신파와 구파 간에 한층 더 심한 이전투구가 벌어졌다.

총선에서 민주당은 예상보다도 압승했다. 민의원 선거에서 233명의 전체 당선자 중 175명이, 참의원에서 58명 중 31명이 당선되었다. 혁신계는 참패해 사회대중당이 민의원 4석, 참의원 1석을 차지하고, 다른 혁신정당에서 2~3명 당선되었을 뿐이다. 반면 과거 자유당 관계자들이 20~30명이나 진출했고, 옥중 당선된 자유당 간부도 있었다. 민주당이 압승한 것은 금력이나 조직력도 작용했지만, 이승만 정권의 핍박을 많이 받았다는 동정표가 큰 역할을 했다.

총선이 끝나자 민주당의 신파와 구파는 서로 자기파에서 정권을 잡으려고 치열한 각축전을 벌였다. 구파는 신파와 결별해 독자적인 정당을 만들겠다는 주장도 했다. 형식적인 국가원수인 대통령에는 구파와 신파가 모두 지지한 구파의 윤보선이 선출되었다. 핵심은 국무총리였는데, 구파가 국무총리까지 차지하면 되겠느냐는 여론 등이 작용해 윤 대통령이 1차로 지명한 구파의 김도연이 민의원에서 3표 미달로 탈락되었다. 2차로 지명받은 장면은 8월 19일 찬 117표, 반 107표, 기권 1표로 국무총리에 선출되었다. 장면은 구파의 입각 거부로 8월 23일 신파 단독내각을 구성해 정부를 출범시켰다. 구파는 분당을 선언, 11월 14일 신민당으로 정식 등록했다. 한편 서울특별시장·도지사에서 읍·면장, 읍·면의원에 이르기까지 지방의회, 지방자치단체장 선거도 12월에 네 차례에 걸쳐 전면적으로 실시했다.

5. 혁명입법

장면은 국무총리에 취임하자마자 첫 번째로 경제제일주의를 내세웠다. 1950년대 후반부터 경제자립은 최대 현안이었다. 장면 정부는 박정희 정부에서도 계속 역설하게 되는 건설을 특히 강조했다. 장 정권이나 박 정권한테 근대화는 바로 건설을 의미했다. 이 때문에 장면 정부는 1961년도 신년도 예산 배정에서 전력개발을 위해 1960년 55억 환의 5배가 되는 286억 환을 배정했고, 1961년 3월부터 경지정리, 제방, 관개 및 배수, 산림녹화 등의 국토건설사업을 벌였다. 그리고 국토건설사업에 투입될 국토건설대원을 1961년 12월 공모해 2천여 명을 뽑았다. 정부 수립 이후 최대 규모의 공채로서 신선한 느낌을 주었다.

건설 위주의 경제제일주의는 장기경제개발의 필요성을 증가시켰다. 장면은 1961년 2월 시정연설에서 7개년 전원개발계획, 8개년 석탄개발계획과 산업철도 및 도로·항만의 확충계획 등을 발표했다. 장면 정부의 종합적인 장기경제개발계획은 5개년 경제개발계획으로 나타났다. 5개년 경제개발계획은 장면 정부의 경제 브레인 김영선 재무장관이 1960년 10월 미국에서 돌아오면서 수립되기 시작해 1961년 4월 말쯤에 성안되었다.

문제는 재원이었다. 민주당은 재원을 마련하기 위해 이미 7·29총 선에서 20만 명의 감군안을 공약한 바 있었지만, 미국이 반대했다. 결국 외원이나 외자에 의존하지 않을 수 없었다. 장 총리는 미국원 조에 크게 기대하면서 다른 한편으로 일본으로부터의 자본 도입 및 미국·서독으로부터의 장기차관 도입을 추진했다. 또한 장면 정부는 장기경제개발계획을 추진할 수 있는 관료제 강화에 착수해 1960년 12월에 국가공무원법을 개정했고, 1961년 4월 15일자로 공무원 임 용령과 고시령 등을 공포해 공무원 신분 보장과 유능한 관료 확보에 노력했다.

장면 정부는 혁명과업 수행에 소홀하다는 질책을 계속 받았다. 특 히 부정선거 원흉의 처단과 부정축재자 처리에 대한 요구가 높았다. 그러기 위해서는 개헌을 할 때 특별조항을 두어야 했는데, 자유당은 물론이고 민주당도 관심을 기울이지 않았다. 1960년 10월 8일 부정 선거 원흉 등에 대해 경형이나 무죄가 선고된 것은 국민을 분노케 했다. 여론이 비등하자 민의원은 10월 11일 헌법을 개정하고 민족반 역자 처벌 및 부정축재 처벌 특별법안 기초를 조속히 완료할 것을 결의했다. 이날 4월혁명 부상자들이 민의원 본회의장에 난입해 물의 를 빚었다. 10월 17일 특별법 제정을 할 수 있는 헌법 개정안이 제안되어 양원을 통과, 11월 29일 공포되었다.

국회는 반민주행위자공민권제한법안, 부정선거관련자처벌법안, 부정축재특별처리법안, 특별재판소 및 특별검찰부조직법안 제정에 들어갔다. 가장 난항을 겪은 부정축재특별처리법안을 제외한 3개 법안의 경우 11월 30일 간신히 민의원을 통과했으나 그 법의 대상자들이 다수 들어 있었던 참의원에서 심의가 지연되어 연말이 다 되어서야 대폭 완화되어 통과되기에 이르렀다. 법무부는 반민주행위자공민권제한법에 의한 제1차 해당자 609명을 1월 25일 공고했던 바, 이승만·이기붕·박용익·장경근 등 전 대통령과 자유당 간부 및 국무위원, 경찰 간부 등이 거의 다 포함되었다. 특별검찰부는 1961년 1월 중순에 가서야 활동에 들어갔으나 정부의 비협조와 특검의 의욕 저하로 일이 잘 진행되지 않았다. 부정축재특별처리법안은 정치인들이 이미 정치자금을 받은 데다가 경제계의 강한 반발과 경제위축의 문제도 있어 대폭 완화해 4월에 가서야 참의원을 통과했다. 그리고 곧 5·16군부쿠데타가 발생했다.

장면 정부는 혁명과업뿐만 아니라 다른 활동에서도 적극성이 결여된 경우가 적지 않았고, 또 많은 제약을 받았다. 학생혁명으로 생각지도 않은 정권을 잡았지만, 이승만·자유당과 비슷하게 태생적으로 냉전의식이 강한 반공보수주의자들이었고, 4·19나 4·26을 방관했다. 신·구파 간의 고질적인 대립도 추진력을 약화시켰다. 더구나 과도하게 대중을 자극하는 언론의 선정적 보도가 끊이지 않았다. 그렇지만 경찰 숙정 작업만은 상당히 이루어졌다. 특히 박정희 정부의 중앙정보부와 비슷한 역할을 맡았던 대공사찰요원이 숙정의 대상이 되었다.

6. 통일운동과 사회운동

장면 정부를 쿠데타로 무너뜨리고 집권한 박정희는 자신이 살해될 때까지 장면 정부가 무능했고 장 정권 시기에 혼란이 극심했다고 역설했다. 장면 정부가 가졌던 제약과 문제점은 앞에서 지적했지만, 장면 정부에 대한 기대가 컸기 때문에도 무능하다는 느낌을 줄 수 있었다. 그러나 겨우 9개월을 집권했기 때문에 무능 여부를 따지기는 쉽지 않다. '혼란'도 관점에 따라서 평가가 다를 수 있다. 박 정권 시기에 있었던 한·일회담 반대투쟁과 같은 대규모 반정부시위는 없었다고 하더라도, 이승만 정권 시기에 심한 압제 속에서 부정과 비리, 주민 집단학살과 의혹 사건이 많았기 때문에, 4월혁명기에 분규나 시위는 많을 수밖에 없었다. 더욱이 이승만 정권의 수족이자 3·15부정선거의 주범인 경찰이 상당 기간 무력할 수밖에 없었기 때문에 분규나 시위가 방치된 경우가 많았다. 그러나 1961년에 들어가면 경찰의 치안력은 현저히 회복되었고, 시위 횟수도 크게 줄어들었다.

각종 분규나 시위는 1960년 4월 26일 이후부터 6월 말 사이에 가장 많이 발생했다. 그중에서도 학원 분규와 시위가 많았다. 한국은 일제가 공교육을 소홀히 했기 때문에 중등학교에서 사립학교 비중이 컸고, 해방 후 생겨난 대학들도 사립이 많았다. 그런데 중·고등학교나 대학 운영자 가운데에는 모리배들이 많았기 때문에 4·26 직후부터 학원 분규가 끊이지 않았다. 서울대·경북대 의대·단국대·연세대·전북대 등의 사태가 말해주듯 대학의 어용교수, 무능교수 문제도 심각했다. 한양대·조선대·연세대의 부패재단 정화운동은 사회의 이목을 끌었다. 연세대의 경우 1960년 봄부터 시작해 11월까지, 나중에는 민족문제까지 덧붙여져 분규와 시위가 계속되었다. 11월 16일 연세대생들은 언더우드 총장서리와 싸우어 재단이사장을 본국으로 소환하라는 시위까지 벌여 유혈 사태와 함께 51명의 학생이 구속되기에 이르렀다.

각종 의혹 사건의 진상규명 요구도 빈발했다. 김구살해진상규명 운동으로 그때까지 군납(軍納)업자로 잘 살던 살해범 안두희는 5·16 쿠데타가 날 때까지 도망다녔다. 1952년 정부통령 선거에서 조봉암 선거사무차장이었던 김성주에 대한 헌병대 고문치사 사건, 장면 부통령 암살기도 사건, 조봉암·진보당 사건 등에 대한 진상규명 요구도 나왔다. 훨씬 더 파장이 큰 진상규명 요구는 한국전쟁 발발 이전과 이후에 있었던 주민 집단학살 문제였다. 이 문제는 먼저 국회에서 시작되어 1960년 5, 6월에 걸쳐 영·호남 각지와 제주도에서 양민학살 진상조사 활동이 전개되었다. 이와 함께 피학살자 유족들이 진상규명을 요구하면서 경상남북도의 여러 지역에서 유족회를 결성했다. 경남피학살자유족회, 경북피학살자유족회도 만들어져 진상규명 및 책임자 처벌을 요구했고, 일부 지역에서는 합동위령제를 지냈다.

4월혁명으로 노동운동도 활성화되었는데, 교원들이 가장 활발히 활동했다. 1950년대에 교원들은 한국사회에서 가장 규모가 큰 지식인집단이었지만, 선거 및 정부 홍보 활동, 반공운동 등에 동원되어 불만이 많았다. 유족회 활동처럼 교원노동조합 활동도 경상도가 주축이었다. 4·26 직후인 1960년 4월 28일 대구에서 교원노조 발기회가 생겨 5월 7일 교원노조가 발족했으며, 7월 29일에는 한국교원노동조합총연합회가 탄생하기에 이르렀다. 그러나 정부가 교원노조를 인정하지 않고 탄압하자 8, 9월에 교사들은 단식 등 극한투쟁을 벌였다. 교원노조는 1961년에 들어와 학원 정화 등에 힘을 쏟고, 2대 악법 반대투쟁에 참여했다.

4월혁명 이후 대한노총은 죽은 시체나 다름없었다. 그 반면 노동조합의 개편과 신설이 급증해 1960년에 388개의 노동조합이 신설되었고,(조합원 수 83,761명) 203개의 노동조합이 변경신청을 냈다. 노동쟁의도 부쩍 늘어 1959년에 95건이던 것이 1960년에는 227건이 되었다. 이 시기에는 노동자들의 가두투쟁이 활발해져 1960년 4월 19일부터 6월 30일까지 485건에 123,475명이 참가했다. 4월혁명기에는 교원노조 외에도 금융노조, 언론노조 등 사무직 종사자 또는 정신근로자들의 노동조합 결성이 주목을 받았다.

4월혁명 이후 두드러진 특징은 통일운동이 활발했다는 점이다. 이승만 정권은 북진통일 외에 어떤 통일 논의도 용납하지 않았다. 평화통일을 주장한 조봉암은 형장의 이슬로 사라졌고, 진보당은 정당 등록 취소처분을 받았다. 그렇지만 4월혁명으로 통일이나 자주성의 문제가 자유롭게 논의될 수 있게 되었다. 통일운동, 반미자주화운동은 1955년 인도네시아에서 열린 반둥회의와 후에 비동맹국가들로 불려지는 인도·이집트·유고슬라비아 지도자들의 움직임, 이집트 나세르의 수에즈 운하 국유화, 쿠바에서의 카스트로 집권, 알제리와 콩고 등에서의 반제국주의투쟁으로부터 많은 영향을 받았다.

통일문제는 1960년 7·29총선에서 중요 쟁점이 못 되었다. 여전히 레드컴플렉스가 사회 전체에 압박을 가하고 있었다. 그렇지만 총선을 전후해 일본과 미국에서 통일운동을 벌였던 김삼규와 김용중의 중립화통일론이 국내에 소개되면서부터 통일 논의의 불이 지펴지기 시작했다. 한편 학생시위로 이승만 정권이 붕괴되리라고 생각지 못했던 북의 김일성 수상은 8월 14일 당분간 남북의 정치제도를 그대로 두면서 남북의 경제·문화 발전을 통일적으로 조절하자는 과도적 조치로서의 남북연방제를 제안했으나, 당장에는 영향을 주지 못했다. 오히려 10월 22일에 미국 등 강대국이 1955년에 오스트리아를 중립화했던 방식으로 한국중립화통일을 모색해야 한다는 맨스필드 미하원의원 주장이 큰 파문을 던졌다.

대중적인 통일 논의는 민족문제에 감수성이 예민한 대학가에서 먼저 시작되었다. 고려대에서 9월 24, 25일에 열린 전국대학생시국 토론회에서는 중립화통일운동을 펼치자는 의견이 많이 나왔다. 11월 1일 서울대 민족통일연맹(민통련) 발기모임에서는 대정부 및 사회 건의문에서 기성세대는 분단의 책임을 통감하고 젊은 세대의 발언을 억압하지 말 것, 정부는 통일문제에 적극 외교로 전환해 미·소의 지도자들과 회담할 것, 남북서신교환을 한시바삐 시행할 것 등을 요구해 냉전체제에 도전했다. 다음 날 정부는 오스트리아식 중립화통일을 반대하면서 국가보안법의 개정 또는 보강을 시사했고, 국회에서는 "대한민국헌법 절차에 의하여 자유선거를 한다"는 이승만 시대로 회귀하는 결의안을 야간에 통과시켰다. 미국도 우려를 표명했다.

1961년에 들어와 혁신계 정당은 정비되어갔고, 2월 25일에는 진보세력의 통일운동 구심체로 민족자주통일협의회(민자통)가 결성되었다. 민자통은 자주·평화·민주를 통일의 3대 원칙으로 천명했는데, 강대국의 협의에 의한 중립화통일론보다 민족자주에 입각한 남북협상론에 기울어 있었다. 또한 이 시기에 들어오면서 남을 경제적으로 발전시키기 위해 북의 지원을 받아야 한다는 "이남 전기, 이북 쌀" 같은 구호가 나왔다.

1961년 2, 3월에는 반미자주화운동과 2대 악법 반대투쟁이 전개되었다. 2월 8일 감독권 강화 등 미국의 일방적 요구가 많이 들어 있는 한·미경제협정이 맺어지자 혁신계와 학생들은 투쟁위원회를 조직해 반대운동을 벌였다. 서울 시내 7개 대학 민통련이 주축이 된 전국학생한·미경제협정반대투쟁위원회에서는 2·8협정을 "예속적·식민지적 불평등협정"이라고 규정하고, 해방 후 미국이 반민족적 분자들과 결탁해 우리 조국을 분할했다고 주장해 민족해방론적 관점을 뚜렷이 했지만 폭넓은 지지를 받지는 못했다. 한편 장면 정부가 학생들과 혁신계의 통일 주장에 반공법 제정으로 대응하려 하고, 집회 및 시위를 막기 위해서 데모규제법을 제정하려고 하자, 혁신계와 학생들은 반공법과 데모규제법을 반대하는 2대 악법 반대투쟁에 총력을 기울였다. 2대 악법 반대투쟁은 통일운동으로 지반이 넓어진 혁신계를 오히려 강화시키는 데 기여했다.

장면 정부는 악법 반대투쟁에 이어 1961년 4월 유엔총회 결의로 또다시 시련에 부닥쳤다. 유엔회원국으로 아시아·아프리카 지역 국가가 급증해 최대 블록을 형성하였고, 인도네시아가 유엔에 남북을 동시에 초청하자는 안을 내자 주유엔미국대사 스티븐슨은 북이 "유엔 권위를 수락한다면"의 조건을 달아 남북대표동시초청안을 냈고, 그것이 4월 12일 유엔정치위원회에서 가결되었다. '두 개의 한국'을 인정한 이 결의안에 장면 정부는 지지를 표명하기는 했지만 북측 대표와의 동석은 거부하겠다고 밝혔다.

1961년 4월과 5월에 학생들은 통일운동을 더욱 확대해갔다. 4·19 한 돌을 맞아 서울대생들은 침묵시위를 했다. 그리고 서울대 문리대생들은 '4·19제2선언문'에서 반봉건·반외압세력·반매판자본의 3반운동을 펴겠다고 선언했다. 5월 3일 서울대 민통련에서 남북학생회담을 제의한 것에 이어 5월 5일 19개 대학이 참여한 민족통일전국학생연맹 결성준비대회에서는 제3세계의 민족해방론적 통일관이 강렬히 표출되어 있는 공동선언문을 발표하고, 남북학생회담을 판문점에서 열 것을 제안했다. 5월 13일 민자통 주최로 약 3만 명이 모인 가운데 남북학생회담 환영 및 통일촉진 궐기대회가 열렸다. 급진적인 통일운동은 4월혁명으로 위축된 극우반공세력을 불안하게 했고, 쿠데타 모의자들한테 하나의 구실을 제공했다.

3장

박정희 군부정권과
학생운동

1. 5·16군부쿠데타

1961년 5월 16일 군부가 쿠데타를 일으켰다. 쿠데타가 일어난 것은 통일운동 때문도 아니고, 장면 정권의 무능 때문도 아니었다. 전쟁 이후 비대해진 군부는 정치권을 넘보았다. 군부 내 인사가 정체되면서, 불만이 많았던 육사 8기와 9기 중심으로 쿠데타가 모의되었다. 이승만은 군부의 동향을 예의 주시하며 군부 지도자들을 상호견제하게 하여 군부를 지배했다. 그런데 장면 총리와 민간인 국방장관은 군부를 잘 몰랐고, 미국이 민간정부를 지켜줄 것으로 기대했다.

이승만 정부 붕괴 직후부터 정군을 주장했던 김종필·길재호·김형욱 등 육사 8, 9기생들은 장면 정부가 출범한 지 3주도 안 된 1960년

9월 10일 부서를 정해 쿠데타 음모를 진행시켰다. 11월에는 김종필의 장인의 아우로 일찍부터 김종필과 가까웠던 박정희 소장을 쿠데타 지도자로 끌어들였다. 쿠데타 모의자들은 1961년에 들어와 4·19 1주년에 시위가 빈발할 것으로 예상하고 3, 4월 위기설을 퍼트리면서 쿠데타를 일으키려고 했지만, 별다른 시위가 없자 5월로 미루었다.

5월 16일 새벽 해병대와 공수특전단이 서울 시내에 들어와 방송국, 치안국 등을 점거했다. 4시 30분경 중앙방송국에서는 군이 혁명을 일으켰다는 방송이 나왔다. 처음에는 쿠데타가 어떻게 될지 불투명했으나 18일 혁명공약 6개항이 발표될 무렵에는 성공이 확실시되었다.

쿠데타가 성공한 데에는 여러 가지 요인이 작용했다. 군에서 여러 차례 박정희의 직속상관으로 있었던 장도영 육군참모총장은 장 총리와 박정희 사이에서 양다리를 걸치고 있었다. 그는 장면이 박정희 중심의 쿠데타설에 대해 추궁했을 때에도 쿠데타가 일어나지 않을 것이라고 장담했고, 5월 16일에도 쿠데타 진압에 소극적이다가 오후에 쿠데타에 가담해 군사혁명위원회 의장직을 맡았다. 민주당 구파 출신으로 장면 정부에 비판적이었던 윤보선 대통령은 5월 16일 아침에 "올 것이 왔다"라고 말하면서 사실상 쿠데타를 묵인했다. 그는 쿠데타 주동자들이 집권한 이후에도 대통령직을 사임하지 않았다. 장 총리는 쿠데타가 발발하자 가톨릭 수도원으로 피신해 미대사관과 연락을 취하다가 18일 오후 중앙청에 나타났다. 그는 체포되어

5·16 쿠데타 직후 서울 시내를 점령한 군인들의 모습

구금되었던 국무위원들과 함께 16일 아침 쿠데타 주동자들이 임의로 선포한 비상계엄령을 추인하고 총사퇴했다. 한국군에 대한 작전권을 주한유엔군사령관이 장악하고 있었기 때문에, 미국은 쿠데타의 성공 여부에 중대한 영향을 줄 수 있었다. 1961년에 미국정부는 장면 정부에 문제가 있다고 보았고, 박정희의 쿠데타 계획을 어느 정도 알고 있었다. 쿠데타 발생에 대해 주한미군사령관 매그루더 대장과 주한미대리대사 그린은 장 정부에 대한 지지를 표명했다. 그러나 케네디 정부는 처음부터 그들의 지지를 잘한 것으로 보지 않았고, 곧 쿠데타를 인정했다. 여기에는 한 달 전에 있었던 쿠바 침공 실패도 어느 정도 작용한 것으로 보인다.

5월 18일 3군 최고지휘관과 장성, 7명의 대령, 4명의 중령으로 구성된 군사혁명위원회 위원 30명의 명단이 발표되었다. 불과 38세였던 장도영을 비롯해 거의 다 계급만 높았지 30대의 젊은 나이였는데, 이들이 국정을 좌지우지하게 되었다. 5월 19일 군사혁명위원회는 국가재건최고회의(최고회의)로 명칭이 바뀌었다. 6월 6일 공포된 국가비상조치법에 의해 최고회의는 새 정부가 구성될 때까지 최고통치기관으로서의 지위를 가졌다. 5월 20일에는 최고회의의 지시와 통제를 받는 군인으로 구성된 내각 명단이 발표되었다. 1894년 갑오경장 이래 최대의 물갈이라는 말을 들을 정도로 관리들을 대대적으로 추방했다. 중앙정부뿐만 아니라 지방정부도 간부직은 20, 30대의 군인이 독점한 군인 세상이었다.

6월 10일에는 최고회의 직속기관으로 중앙정보부(중정)가 탄생했다.(부장 김종필) 중앙정보부는 정보 수집뿐만 아니라 수사권을 갖고 있었고, 정부 등 각 기관의 정보 수사 활동 감독과 보안 업무 감독 등 막강한 권한을 갖고 있었다. 이 때문에 군부정권 시기에도 최고회의보다 중앙정보부가 실세라는 말을 들었고, 중앙정보부 부장은 박정희 정권을 지켜준 권좌 중의 권좌로 박정희 다음의 제2인자라는 말을 들었다.

박정희-김종필을 핵으로 한 쿠데타 주동자들은 군 내부의 쿠데타 반대자들을 제거함과 동시에 군부권력 내부도 재정비했다. 1961년 7월 초 육군중장으로 참모총장, 비상계엄사령관, 최고회의 의장, 내각수반, 국방장관 등의 요직을 독차지했던 장도영과 5월 16일에 공수특전단과 포병부대를 이끌고 서울에 들어온 박치옥 대령, 문재준 대령 등이 반혁명 사건으로 구속되었다. 1962년 8월에는 이주당(二主黨) 반혁명 사건으로 장면 전 총리가 구속되었다.

2. 진보적 민족주의세력 탄압과 반공 강화

쿠데타 주동자들은 극우반공주의자라는 점에서 공통성을 가졌지만, 민족주의에 대해서는 일치된 관점을 지니고 있지 않아서, 반제국주의적이지도 반미적이지도 않았다. 쿠데타 거사 전에 그들은 집단의식을 공유하기 위한 활동을 하지 않았다. 박정희의 경우가 특히 심했지만, 1930년대에 민간인 정치인이나 의회주의를 불신하면서 강권통치를 지향했던 일본군 청년장교들과 비슷하게 대개 파시즘 성향을 지니고 있었다. 한국 군부쿠데타는 나세르로 대표되는 아시아·아프리카 군부쿠데타와 차이가 있었고, 오히려 중·남미 군부쿠데타와 유사성이 있었다.

군부권력은 파시스트들처럼 사회풍기를 과감히 단속했다. 그들은 깡패 단속에 나섰다. 자유당 정권을 배경으로 횡포를 부렸던 정치깡패를 포함해 쿠데타가 발생한 지 10일도 안 되어 2천여 명의 깡패를 체포했다. 5월 21일에는 정치깡패의 대명사였던 이정재를 선두로 약 2백 명의 깡패들이 "나는 깡패입니다. 국민의 심판을 받겠습니다", "깡패 생활 청산하고 바른 생활하겠습니다" 등의 플래카드를 들고 서울 시내를 행진했다. 후에 이정재와 임화수는 재판 절차를 거쳐 교수형에 처해졌다. 일종의 본보기였다. 깡패나 불량자들은 제주도에 끌려가 5·16도로를 내는 사역에 종사하는 등 국토개발사업장에 동원되었다. 비밀 댄스홀도 급습을 당해 춤추던 자들이 체포되어 군사재판을 받았다. 양담배도 자취를 감추었다. 교통질서가 전과 달라져 환영을 받았다. 운전기사들은 교통규칙을 위반하면 즉각 구류에 처해졌다. 언론사들이 대대적으로 정비되었다.

최고회의는 북괴의 간접침략을 배격하기 위한 범국민운동을 제창했다. 그들은 민간기구를 채택할 경우 어떻게 될지 몰라 1961년 6월 9일 국가 주도로 범국민운동을 벌이기 위한 재건국민운동에 관한 법률을 의결하고, 용공중립사상 배격, 내핍생활 철저, 근면정신 고취, 생산 및 건설의욕 고취, 국민도의 앙양 등을 활동 목표로 한 재건국민운동본부(운동본부)를 발족시켰다. 운동본부는 서울특별시 및 각 도에 지부를 두고, 통·반·동에까지 이르는 하부 행정단위에 지구(地區)재건국민운동촉진회를 두었다. 초대 재건국민운동본부장에는 고려대 총장 유진오가 취임했다. 한 신문은 재건국민운동본부의 목표나 활동방법이 창의성이 결핍되어 고식적인 느낌을 준다면서, 재건체조는 일제 말기 라디오 보건체조를, 신생활복(재건복)은 국민복을, 재건순보(旬報)는 주보를, 국민가요는 그대로 일제 말기 국민가요를 연상케 한다고 지적했다.

쿠데타 주동자들은 혁명공약의 첫 번째로 반공을 국시의 최우선 순위로 한다고 천명했는데, 4월혁명기에 해이된 극우반공체제를 이승만 정권보다 한층 더 강화하겠다는 것이 쿠데타의 최대 명분이었다. 군부권력의 진면목은 이른바 용공세력 처단에서 잘 드러났다. 그들은 5월 21일까지 용공분자 2,014명을 검거했다고 발표했는데, 이런 일제 검거는 그 뒤에도 계속되었다.

군부권력은 부정선거 원흉, 자유당 간부 처단이나 부정축재자 처벌보다 진보적 민족주의세력을 훨씬 더 심하게 단죄했다. 최고회의는 통일운동, 피학살자유족회 활동 등을 특수반국가행위로 규정하고, 6월 22일 소급법으로 '특수범죄 처벌에 관한 특별법'을 공포했다. 혁명검찰부에 의하면 혁신정당과 민자통, 교원노조, 민통련, 유족회 활동자가 주대상인 특수반국가행위 사건은 225건 608명으로, 혁명검찰부에 수리된 사건 전체 인원의 41.3%나 차지한 반면, 3·15 부정선거 원흉들은 불과 163건에 363명이 수리되었다. 그리고 부정선거 원흉들은 사형 등 중형을 선고받았더라도 최인규 내무장관이 사형당한 것을 제외하면 거의 다 2~3년 내에 석방되었다. 그러나 혁신계와 청년·학생들은 다수가 장기복역했고, 민족일보 사장 조용수와 사회당 간부로 남북협상을 주장했던 최백근이 처형되었다. 희생양이었다. 피학살자유족회 간부들 또한 북괴 선전에 고무·동조해 용공사상을 고취한 혐의로 체포되어 재판을 받았고, 거창 등지의 합동분묘와 비석은 훼손되어 '제2의 학살'을 당했다. 그런가 하면 부정축재로 규탄의 대상이었던 재벌 중 박정희 출신 지역인 영남 지방 재벌이 주로 해당되었지만, 부정축재 기업으로 하여금 차관을 도입해 공장을 지어 부정축재액을 납부하도록 했다. 그리하여 정부의 특혜조치까지 받아 1950년대와는 비교가 안되게 더욱 규모가 큰 재벌로 성장했다.

최고회의는 반공체제를 강화하기 위해 7월 4일 반공법을 제정·공포했다. 장면 정부가 제정하려다가 실패했던 반공법은 국가보안법과 경합되는 부분이 많고, 사회주의를 확대 해석할 수 있어 국가보안법보다도 학문·사상·양심의 자유나 정치·사회 활동의 자유를 더 제약할 수 있었다. 특히, 반공법 제4조 1항의 "반국가단체나 그 구성원 또는 국외의 공산계열의 활동을 찬양 고무 또는 이에 동조하거나 기타의 방법으로 반국가단체를 이롭게 하는 행위를 한 자"를 처벌하는 조항 등, 제4조는 귀에 걸면 귀걸이, 코에 걸면 코걸이 식이어서 두고두고 논란이 되었다. 국가보안법·반공법과 방대한 조직을 가진 정부 속의 정부인 중앙정보부의 감시망에 의해 극우반공체제는 이승만 정권보다 훨씬 공고해졌다.

박정희가 진보적 민족주의자들을 가혹하게 처단하고 극단적인 반공정책을 편 것은 자신에 대한 미국의 의심을 해소시키기 위한 것으로 보는 사람들이 많다. 박정희의 형이자 김종필의 장인인 박상희는 1946년 대구 10·1폭동 주동자의 한 사람으로 체포되어 처형되었다.

박정희는 남로당 군장교 프락치였는데, 1948년 여순 사건 이후 숙군 사업이 진행되자 프락치 조직을 알려줘 목숨을 건진 것으로 알려졌다. 그런데 박정희 외에도 박 정권에는 박상희의 동지인 김성곤, 혁신계 인물인 백남억 등 과거 진보진영에 있던 자들이 여러 명 민주공화당의 고위직에 있었다.

3. 민정이양

박정희와 김종필은 강력한 영도자가 출현해 국가를 영도해야 한다는 영도자론 신봉자여서 군부정권과 같은 권력을 선호했다. 그렇지만 4월혁명이 선사한 독재 반대와 민주주의에 대한 민중의 기대 및 미국정부의 압력으로 1961년 8월 12일 최고회의 의장 박정희는 1963년 여름에 정권을 이양하겠다고 발표했다. 박 의장은 11월 일본에서 이케다 수상을 만나고 도미해 케네디 대통령과 함께 공표한 공동성명서에서 다시금 1963년 여름까지 정권을 민간에게 이양하겠다는 '엄숙한 공약'을 재확인했다.

박정희는 정권을 민간에게 이양하겠다고 공약했지만, 박정희와 김종필은 오히려 권력을 장악하고 더 나아가 장기집권하려는 의지를 구체화하고 있었다. 그것의 하나가 민주공화당 창당이었고, 다른 하나가 일반 정치인들의 정치 활동 규제였다.

모든 정치 활동이 철저히 금지되고 있고 비상계엄령이 발동되고 있던 시기에 김종필은 중앙정보부 밀실에서 그때까지 존재하지 않았던 거대 정당 조직에 착수했다.(민주공화당 사전조직) 박정희의 8·12 민정이양성명 후 일군의 정치 지향 학자들과 중앙정보부 관계자들로 구성된 대외문제연구소에서 10월 중순에 당 기구·강령·정책을 준비하기 위한 계획서를 작성해, 1962년 1월부터 비밀리에 사전조직에 들어가 그해 10월 중앙과 지방 사무국을 구성하고, 그해 말까지 1천여 명을 '밀봉교육' 시켰다. 이 당은 사무국 중심의 2원체제로 조직되었던 바, 사무국이 당무와 당 재정을 맡고 국회의원 공천과 국회운영에도 중심적인 역할을 하는 독특한 체제였다. 이런 2원체제로 사무국을 장악한 김종필 등의 주류와 비주류 간의 내분이 계속되었고, 야당은 공산당 냄새가 난다고 공격했다. 신당은 정치자금줄이 충분치 않아 4대 의혹 사건으로 알려진 증권 파동 등을 통해 자금을 염출했다.

민정이양 일정이 발표되자 헌법 문제가 제기되었다. 1962년 7월 11일 최고회의는 헌법심의위원회를 구성했다. 쿠데타 권력과 관련되어 헌법 제정이냐 개정이냐는 논란도 있었고, 제헌의회 또는 개헌의회를 구성해야 하지 않느냐는 주장도 나왔지만, 최고회의는 개정절차를 취하고 최고회의 의결을 거쳐 국민투표로 확정하겠다고 발표했다. 1962년 11월 5일 헌법 개정안이 공고되었다. 1962년 5월 27일 비상계엄을 경비계엄으로 바꾸었고, 다시 12월 5일에는 경비계엄을 해제했다. 12월 17일 실시된 국민투표로 확정된 헌법은 후계자 문제가 없도록 부통령을 두지 않고 국무총리를 두는 대통령중심제에 단원제를 주된 내용으로 했다. 대통령 임기는 4년으로, 1차에 한해서 중임할 수 있었다. 1962년 11월 최고회의는 지방의회 구성이나 지방자치단체장 선거는 고려하지 않고 있음을 밝혔다. 이로써 실질적으로 이후 30년 동안 지방자치는 중단되었다. 그해 12월 31일 공포된 정당법은 무소속 출마를 허용하지 않았던 바, 강력한 여당의 존속을 위해 야당의 난립을 유도한 것이었다. 1963년 1월 21일에는 국회 의석을 지역대표 131명, 전국비례대표 44명 등 175명으로 정한 국회의원선거법이 공포되었다. 비례대표는 직능대표가 아니었고, 제1당에게 무조건 최소한 과반수를 줌으로써 제1당이 안정의석을 확보할 수 있게 고안한 장치였다.

박정희, 김종필 등의 특권을 보장해주는 또 하나의 장치는 1962년 3월 16일 최고회의를 통과한 정치활동정화법이었다. 정치인들이 적격판정을 얻지 못하면 1968년 8월 15일까지 정치 활동을 할 수 없게 한 법으로, 김종필이 간결하게 말했듯이 두 번 정도 국회의원이 되지 말라는 법이었다. 이 법에 항의해 윤보선이 대통령직을 사임해 박정희가 대통령권한대행이 되었다. 3월 말까지 민주당과 신민당, 혁신계 관계자들이 거의 다 포함된 4,192명의 명단이 발표되었다. 그리하여 다음 해 2월 27일까지 적격판정 해당자를 발표해 최후로 269명이 남았다. 269명 중에는 이승만 등 자유당 간부, 장면 등 민주당 간부, 양일동 등 신민당 간부와 김달호 등 혁신계 다수가 포함되었다. 물론 김정열 등 자유당 정권 참가자로 민주공화당 창당에 관련된 사람들은 모두 적격판정을 받았다.

1962년 12월 31일 정당·사회단체의 정치 활동을 엄금한 군사혁명위원회의 포고 4호가 폐기됨으로써 정치 활동이 가능하게 되었다. 중앙정보부에서 조직된 신당은 당명을 민주공화당(공화당)으로 정하고 발기위원장에 김종필을 선임했으나 김동하 최고회의 위원이 2원조직에 반발하는 등 당 안팎으로부터 강한 도전을 받았다. 공화당을 일거에 무력하게 만들지도 모르는 도전은 뜻밖에도 군부로부터 왔다. 프랑스를 나치로부터 해방시킨 드골 장군처럼 군사정권에 참여한 군인들이 군에 복귀해야 한다는 여론을 등에 업고 박병권 국방장관, 김재춘 최고회의 위원 등이 주동해 박정희로 하여금 민정에 참여하지 않겠다는 2·18성명을 발표하게 했다. 2월 27일에는 최고회의 주최로 정치인들과 박 국방장관, 3군사령관 등이 참석한 가운데 박정희의 2·18수습방안을 수락한다는 2·27선서를 했다. 그러나 아니나 다를까 3월 15일 군인들이 군정연장 데모를 벌였고, 그러자 박정희는 3월 16일 군정을 4년 연장한다고 발표했다. 그때부터 정치인, 군부, 미대사관이 분주히 움직여 군정연장을 보류한다는 4·8성명이 나오기에 이르렀다. 이 성명에서 박정희는 출마를 강력히 시사했다. 4·8성명 직후 최고회의와 군사정부에서 요직에 있었던 김동하·박임항·박창암 등이 쿠데타 사건으로 구속되어 제거되었다. 이들은 모두 함경도 출신이었다.

공화당은 2·18성명 직후 김재춘의 중앙정보부장 취임, 김종필의 '자의 반 타의 반' 외유, 김재춘 중심의 범국민정당 태동 등으로 계속 위기를 맞았으나 5월 10일 정당 등록을 했고,(총재 정구영) 5월 27일 대통령후보에 박정희를 지명했다. 야당은 8월 15일 군사정부가 대통령 선거는 10월 15일, 국회의원 선거는 11월 26일 실시한다고 공고할 때까지 난립해 있다가 국민의당 허정 후보와 자유민주당 송요찬 후보가 사퇴해 사실상 민정당의 윤보선으로 후보가 단일화되었다.

대통령 선거는 군사정부가 전에 군사정부 내각수반이었던 송요찬 후보를 구속함으로써 파문이 일어난 것을 제외하면 사상논쟁이 가장 큰 쟁점으로 부각되었다. 윤 후보가 박 후보를 여순 사건 관련자로서 사상이 의심스럽다고 함으로써 불붙기 시작한 사상논쟁은 오히려 해방 직후 좌익이 강세였던 영·호남에서 박 후보한테 유리하게 돌아가게 했다. 10월 15일 선거 결과는 박 후보가 470만여 표, 윤 후보가 454만여 표로 15만여 표밖에 차이가 나지 않아 대통령 선거 중 가장 박빙의 표차를 보여주었다. 그렇지만 지역적으로는 차이가 많아 중부의 서울과 경기, 충남북과 강원도에서는 윤 후보가 우세하고 남부의 경남북, 전남북, 부산, 제주에서는 박 후보가 많아 남북 현상을 보여주었다. 특히 서울에서는 윤 후보가 박 후보보다 2배 이상 득표했고, 경기도에서도 거의 2배에 육박한 반면, 경남에서는 박 후보가 윤 후보보다 2배 이상을, 경북에서는 박 후보가 60% 이상을 득표했다.

11월 23일 미국 케네디 대통령 암살에 조의를 표하기 위해 하루 동안 선거운동을 중지했다가 26일 치른 국회의원 선거는 야당이 난립해 33.5%를 득표한 공화당이 131석 중 88석이나 차지했고,(전국구 44석의 과반수인 22석 확보로 전체 의석은 110석) 20.1%를 득표한 민정당이 27석(전국구 14석 포함 전체 의석은 41석)을 차지했으며, 민주당·자유민주당·국민의당이 그 밖의 좌석을 나누어 가졌다. 공화당 의원은 군복을 벗은 정치인이 다수였고, 자유당 출신도 많았다.

1963년 12월 17일 박정희가 대통령에 취임했다. 이로써 민간정부가 탄생했는데, 박 정권의 정치는 중앙정보부의 감시와 분열공작 등에 의존하는 바가 커서 정보정치라고 불렸다. 또한 국회는 거수기나 다름없었고, 행정부가 독주(獨走)하여 행정정치라고도 말했다. 정책 결정의 핵인 청와대비서실과 경호실, 중앙정보부와 공화당 요직은 군복 벗은 군인들이 대부분 들어가 있었고, 고위장성들은 예편하면 요직에 등용되었기 때문에 여전히 군인들 세상이었다. 군사문화가 정치문화를 지배했다.

4. 한·일회담 반대운동

현해탄과 동해를 사이에 둔 일본은 한국한테 가깝고도 먼 나라였다. 이승만 정부는 샌프란시스코조약 체결 직후인 1951년 10월 연합군최고사령부(SCAP)의 알선으로 도쿄에서 한·일회담을 열었으나, 일제의 한국 지배를 긍정적으로 주장한 일본 측 수석대표 구보다의 망언, 평화선 문제, 독도 문제, 배상·보상과 재산청구권 문제 등으로 순탄하지 않았다. 이 대통령은 친일파 등용과는 모순되게 1954년경부터 일본의 중국·북한 접근에 반발해 1950년대 말까지 반일운동을 전개해 한·일관계는 무척 나빴는데, 반일운동은 반공운동의 일환으로 병행해 전개되었다. 반일운동에 대해 야당은 비판적이었고, 미국은 동아시아정책에 역행되기 때문에 몹시 못마땅해했으나 이승만의 권력 강화에는 효과적이었다.

이승만 정권이 붕괴됨으로써 한·일관계는 호전될 가능성이 높아졌다. 미국은 기시 일본수상이 야당·학생 등의 강력한 반대투쟁에도 불구하고 1960년 5월 미·일신안보조약, 신행정협정 타결을 강행해 미·일동맹관계가 강화되자 한·일 간에도 국교가 정상화되기를 더욱 바랐다. 장면 정부는 출범하면서부터 한·일관계 개선에 적극적이었고, 일본정부도 비슷해서 장면이 총리 인준을 받고 취임하기 전에 벌써 고사카 외상이 내한했다. 1961년 봄 일본 자민당 의원단이 내한했을 때 한·일관계에 낙관적 전망도 나왔으나 5·16쿠데타가 발생했다.

일본은 박정희 군사정권의 출현을 환영했다. 박정희가 일제강점기에 만주군관학교와 일본육사를 나온 일본정신에 투철한 사람이기 때문이기도 했지만, 국회가 없는 군사정권이기 때문에 한·일국교정상화가 쉬울 것이라는 판단도 작용했다. 정통성이 취약한 박 정권은 경제발전을 위해서도 한·일회담이 성사되기를 간절히 바랐다. 그래서 한·일회담이 지지부진하자 일거에 타결하려고 1962년 10, 11월에 김종필을 특사로 일본에 파견해 오히라 외상과 막후회담을 진행시켰다. 이때 김종필은 독도 문제 처리에 대해 제3국조정안을 제기했고, 한국 측은 독도를 폭파시키자는 의견을 제시하기도 했다. 김종필이 가장 중시한 청구권 문제에서 무상 3억 달러, 유상 2억 달러, 민간차관 1억 달러 이상으로 일단 메모를 교환했는데, 일본 측은 이 자금을 독립축하금으로 주겠다고 밝혔다. 그러나 한·일회담 타결은 민정이양으로 무기한 중단되었다.

한·일회담은 1964년 봄에 급속히 추진되었다. 미국은 드골 프랑스 대통령이 그해 1월에 중국을 승인해 중국의 위상이 높아지자(10월에는 중국이 핵실험을 함), 동아시아에서 반공의 방벽을 쌓아올리기 위해 한·일국교정상화가 조속히 이루어지기를 강력히 촉구했다.

하지만 한·일회담은 학생시위로 인해 상당 기간 진전되지 못했다. 가뜩이나 1962년 김종필·오히라 회담을 의혹의 눈으로 보고 있었는데, 박 대통령이 1964년 3월까지 타결 짓겠다며 김종필을 다시 일본

1964년 한일회담 반대시위 행렬을 저지하고 있는 경찰들

에 보내자 저자세로 졸속 타결을 하려는 것으로 판단해 반대투쟁이 일어났다. 야당과 사회·종교·문화단체 인사들이 대일굴욕외교반대 범국민투쟁위원회를 결성했다. 김종필이 오히라 외상을 만난 다음 날인 3월 24일 서울대·고려대·연세대생 4천여 명이 교내에서 성토 대회를 갖고 시위에 나섰다. 이들은 한·일회담을 중지하고 매국정상 배는 즉각 귀국하라고 요구하며, 일본독점자본에 강한 의구심을 표 명했다. 신제국주의라는 용어가 나오고 "미국은 한·일회담에 관여치 말라"는 구호가 등장해 눈길을 끌었다.

3·24시위는 학생시위로는 1960년 4·26시위 이후 최대 규모의 시위였다. 또 이승만 집권 시기는 물론이고 장면 정부 시기에도 한·일회담 반대시위는 없었다. 군사정부 시기에 학생시위가 없었던 것은 아니다. 1962년 6월에 미군의 잇단 한국인 린치 사건에 항의해 고려대, 서울대 등에서 시위가 있었으나 김낙중 등이 혹독하게 당한 이후 시위는 자취를 감추었다. 3·24시위 이후 학생시위는 박 정권이 붕괴될 때까지 계속되었다. 학생들은 박 정권의 도덕성을 사정없이 공격했다.

학생시위가 3월 25일 전국적으로 확대되고 26일에도 계속 확산되자 박 대통령은 27일 김종필의 귀국을 지시했다. 시위는 4·19 4주년을 맞이해서도 있었지만, 5월 20일 한·일굴욕외교반대학생총연합회 주최로 서울대 문리대에서 열린 민족적 민주주의 장례식 및 성토대회와 관을 앞세운 시위는 학생운동에서 하나의 전환점이 되었다. 학생들은 이날 장례식과 시위에서 박정희·김종필의 민족적 민주주의, 근대화 주장 등을 일본제국주의와 미국의 이익에 봉사하는 반민족적인 것으로 신랄히 비난했다. 다음 날 새벽, 공수특전단 군인들이 학생 처리에 불만을 품고 법원에 난입했다. 5월 25일에 학생들은 난국타개총궐기대회를 열었고, 27일에는 서울대 교수들이 정부에 납득할 만한 시책을 단행하라고 요구했다.

학생과 정부는 정면대결의 양상을 보였다. 5월 30일부터 시작된 서울대 문리대생들의 단식에 점점 참가자들이 늘어났고, 6월 2일 고려대 시위에서 "현 정권은 하야하라"는 구호가 나왔다. 6월 3일 아침 서울대 문리대생과 각 단과대 학생들이 시위에 나섰고, 한양대·연세대·고려대·동국대·홍익대 등 서울 시내 주요 대학 학생 1만여 명이 거리로 쏟아져나왔다. 충남대생과 청주상고생도 시위를 벌였다. 학생들은 "박 정권 타도"를 외치며 세종로 일대의 저지선을 뚫고 청와대로 향했다. 시위대는 일부 경찰서를 습격하고, 네 군데의 교통관제탑을 점거하고, 군용 트럭을 탈취했다. 시민들도 일부 가담했다. 박 대통령은 오후 9시 40분에 오후 8시로 소급해 서울 일원에 계엄령을 선포했다.(6·3사태)

3·24에서 6·3에 걸친 6·3운동에서 학생들은 한·일회담에서 한국 정부가 저자세로 굴욕적이었다고 비판하고, 자주적인 한·일관계 정립, 매판자본 반대와 민족자본 육성, 매판문화 반대와 민족·민중문화의 중시 등을 주장했다. 학생들은 한·일회담 반대투쟁을 통해 민족적 자각을 갖게 되었지만, 냉전적 사고의 틀을 넘어선 민족주의는 아니었다. 한·일회담이 북한과의 긴장을 고조시켜 동아시아 평화를 저해한다는 일본좌파의 한·일회담 반대 논리는 위험시되었다. 6·3운동은 1960년 3, 4월항쟁에 비해 조직적이었고, 목적의식이 뚜렷했다. 운동 양상도 다양해 화형식, 단식농성 등이 등장했고, 풍자극 등 시위문화가 주목을 받았다.

박 대통령은 미국의 강력한 지원을 받으며 6·3사태를 권력 강화의 기회로 활용했다. 당국은 서울대 문리대 시위를 주도한 김중태·현승

일·김도현 등을 군사재판에 회부하고, 그 배후로 얼마 후 인혁당 사건 주범으로 발표되는 도예종 등과 불꽃회의 김정강 등을 지목했다. 6월 6일에는 공수특전단 군인들이 동아일보사에 난입한 것에 이어 동아방송 관계자 6명이 군사재판에 회부되었다. 박 대통령은 학원의 '과잉자유'를 제한하기 위해 학원보호법을, 언론의 '과잉자유'를 제한하기 위해 언론윤리위원회법을 제정하고자 했으나, 전자는 보류되었고, 후자는 국회를 통과했으나 언론사의 격렬한 저항으로 시행을 일시 보류했다.

5. 한·일협정 비준 파동과 베트남 파병

일본에서 새로 사또 내각이 등장한 직후인 1964년 12월 한·일회담이 다시 열려 2월 20일 한·일기본조약이 가조인되고, 3월에는 청구권 자금을 무상공여 3억 달러, 유상공여 3억 달러, 민간상업차관 3억 달러로 합의를 보았다. 6월 22일 일본 도쿄에서 이동원 외무장관과 시이나 일본외상이 한·일기본조약에 조인하고, 30여 개의 협정 및 부속문서에 사인했다.

한·일협정 체결과 관련해 한·일국교정상화의 전제가 되는 사죄 문제는 애매하게 처리되었다. 한·일기본조약이 가조인되었을 때 이 외무장관이 "과거의 어느 기간에 양 국민에게 불행한 관계가 존재"했다고 밝혔는데, '과거의 어느 기간'이라는 말도 이상하고, 한국인이 고통을 당했는데도 '양 국민에게 불행한 관계가 존재'했다고 표현한 것도 이상하다. 이런 발언에 시이나는 "이러한 과거의 관계는 유감이며 깊이 반성하고 있다"고 화답했다. 그리고 기본조약 제2조에서 한·일합병조약과 그 이전의 조약이 '이미(already)' 무효라고 하여 을 사조약과 합병조약이 언제부터 무효인가를 애매하게 처리했는데, 박정희에게는 을사조약·합병조약의 무효 문제가 중요하게 인식되지 않았다. 청구권 협정의 경우, 어디에도 강제연행 등에 일본이 책임이 있다거나 보상한다는 표현이 없다. 무상·유상 등의 표현만 나올 뿐이고, 그 자금도 경제발전에 쓰라고 하여 일본이 소위 독립축하금으로 무상공여 등을 했다는 의미로 해석될 수밖에 없는데도, 청구권 문제가 최종적으로 해결되었다고 명기해, 그 뒤 민간인의 강제연행 보상재판에서 일본정부가 보상할 수 없다는 논리를 펴는 데 이용되었다.

한·일기본조약이 가조인되자 대학과 고교에서 4월 초부터 성토대회와 시위가 잇달았다. 시위가 격렬해져 동국대생이 사망하자 각 대학별로 휴교에 들어갔다. 서울 시내 30여 중·고교도 휴교조치를 내려 4·19 5주년에 서울 시내 거의 모든 대학교와 고교가 문을 열지 않는 사태가 발생했다. 4월 19일 이후에는 지방 대학에서 시위가 일어나다가 5월 중순부터 다시 서울대 등이 시위, 동맹휴학, 단식 등을 벌이자 서울대는 6월 21일부터 조기방학에 들어갔다.

도쿄에서 한·일조약이 조인되던 22일 서울대 법대생 185명이 단식으로 졸도했고, 전국 각 대학이 시위와 단식을 벌여 대학과 고교는 잇달아 조기방학에 들어갔다. 7월 초에는 개신교 목사 1백여 명이 한·일협정 비준 반대투쟁을 벌였고, 7월 중순에는 재경 대학교수단 354명과 김홍일·김재춘·박병권·송요찬 등 예비역 장성 11명이 한·일협정에 반대했다. 7월 말에는 대학교수단·예비역 장성·종교인·법조인·문인·여성계 등 각계 인사 3백여 명이 조국수호국민협의회를 결성했다. 한편 윤보선 등 야당 의원들은 탈당계를 제출하고 야당의 해체를 주장했다. 그렇지만 정부의 의지는 확고했다. 단일야당인 민중당 의원들이 의원 사퇴서를 제출한 다음 날인 8월 13일 공화당은 단독으로 베트남 파병안을 통과시키고, 14일에는 역시 공화당 단독으로 한·일협정 비준 동의안을 통과시켰다.

하루 간격을 두고 두 중요 법안이 통과되었는데, 베트남 파병안의 경우 전투사단을 보내는 것인데도 불구하고 한·일협정과는 달리 윤보선, 장준하 등의 반대와 학생운동권의 일부 반대를 제외하고는 별다른 반대가 없었다. 군인들은 베트남 파병에 자원했다. 미국은 베트남에 파견된 한국군인들에게 전투수당 등을 지급했다. 베트남 파병이 경제발전에 도움을 줄 것이라는 기대도 있었다. 이미 미국의 베트남 북폭 개시 며칠 전인 1964년 7월 30일 130명으로 구성된 이동외과병원 등의 파병안이 국회·외무국방위원회에서 통과되어 파병이 시작되었고, 1965년 2월에는 약 2천 명의 베트남 파병 환송 국민대회가 열렸다. 한국은 8월 13일에 베트남 파병안이 통과된 이후 5만여 명을 파병해 미국 다음으로 많은 군대를 베트남에 보냈다. 한·일협정 체결과 대규모 전투부대의 베트남 파병으로 한국정부는 미국정부와 특별한 밀월관계를 가졌다.

방학이 끝나자 한·일협정 반대시위가 다시 대학에서 일어났다. 8월 18일부터 격렬한 시위가 벌어져 23일에는 고등학생을 포함해 1만여 명이 시위에 참가하자 8월 25일에 무장군인이 고려대에 들어간 것을 비롯해 군이 투입되었다. 어느 틈에 한번도 들어본 적이 없었던 위수령이 발동된 것이다. 9월 들어 많은 학생들이 검거되었고, 21명의 교수들이 대학에서 축출되었다. 윤보선 등 정치인과 언론인들 집에 괴벽보가 붙고 폭발물이 터지는 등 테러도 잇달았다. 김중태, 김도현 등 5명은 내란음모 혐의로 다시 구속되었고, 이들이 속했던 학생 서클 민족주의비교연구회가 해체되었다. 불안하고 어수선한 가운데 1965년이 저물어갔다.

6. 6·8부정선거와 3선개헌

1967년에는 다시 대통령 선거와 국회의원 선거가 치러졌다. 5월 3일 치러진 대통령 선거는 공화당 후보 박정희와 그해 2월에 발족한 통합야당인 신민당 후보 윤보선과의 재대결이었다. 대통령 선거는 관심을 끌지 못했다. 지리한 야당의 내분을 거쳐 윤보선이 후보로 결정된 것 외에도, 군정에 대한 반발이 심했던 1963년과는 달리 나이나 과거 경력 등으로 인기가 떨어진 윤 후보가 패배할 것으로 전망되었기 때문이다. 경제발전도 영향을 미쳤다. 결과는 박 후보가 116만여 표를 더 얻었다. 1963년 선거는 남북 현상을 보여주었는데, 이번에는 동서 현상으로 나타났다. 서울과 경기·충남·호남에서는 윤 후보가 승리하고, 영남과 부산·강원·충북·제주에서는 박 후보가 앞섰다. 경북에서는 박 후보가 63만여 표, 경남에서는 55만여 표가 더 많아 지역편중 현상이 심했다.

6·8총선은 처음부터 매우 혼탁했다. 중앙선거관리위원회(중앙선관위)가 국무위원의 선거운동은 대통령선거법에 위반된다고 해석하자, 국무회의에서 대통령·국무총리·장관 등이 선거운동을 할 수 있도록 대통령 및 국회의원선거법 시행령을 고쳤다. 이에 중앙선관위는 시행령 개정은 부당하다고 주장했다. 그러자 박 대통령은 선거운동에 나서지 않겠다고 공언했는데, 5월 18일부터 '지방 순회'에 나섰고, 국무위원들도 '지방 출장'을 가 공무원들이 동요했다. 이들은 지역개발 공약을 부추겼다. 박정희가 이처럼 무리하게 선거운동에 나선 것은 이승만이 1954년 5·20선거에 적극 개입한 이유와 똑같이 3선개헌을 위해서였다. 이 선거에서 공화당은 지역구에서 131석 중 102석이나 차지했고, 전국구를 합치면 129석이 되어 개헌선을 넘어섰다. 신민당은 지역구 28석, 전국구 17석이었다. 그러나 서울에서는 공화

당이 1석밖에 차지하지 못한 데 비해 신민당은 베트남전에 청년을 팔아먹었다고 주장하다 구속된 장준하를 포함해 13명이나 당선되었다. 정부·여당이 총력전을 펴 떨어뜨리려 한 김대중도 목포에서 당선되었다.

6·8선거는 1960년 3·15선거를 제외한다면 최악의 후유증을 낳았다. 이 선거는 관권·금권·선심공약이 한껏 동원되었는데, 일본자금 유입에 호황이 겹쳐 자금이 많았고, 경제발전과 맞물려 도로 포장, 교량 및 소규모 공장 건설 등의 공약이 크게 먹혀들었다. 학원과 야당, 사회 각계에서 망국선거라고 들고일어나 6월 16일까지 30개 대학, 148개 고교가 휴교에 들어갔다. 7월 8일에 중앙정보부는 동베를린 간첩단 사건을 발표해 국민의 관심을 돌리려 했다. 이 사건에는 음악가 윤이상과 화가 이응로 등이 포함되었고, 황성모·김중태·김도현 등이 이 사건에 얽어매였다.(제3차 민족주의비교연구회 사건) 민족주의비교연구회 사건은 박정희한테 한번 밉보이면 얼마나 호되게 당하는가를 말해주는 사건이었다. 박 대통령은 9월까지 당선자 13명을 공화당에서 제명했지만, 국회는 11월 말에 가서야 정상화되었다.

1968년에 들어오면서 북은 군사도발을 했다. 1월 21일에 특수부대가 청와대 뒷산까지 습격했다. 이틀 후 미국의 정보수집함 푸에블로호가 원산 앞바다에서 북에 나포되었다. 11월에 울진·삼척 지역에 무장 게릴라를 내려보낸 것은 남의 베트남 파병에 대한 응수였다. 그렇지만 박정희 정권은 향토예비군을 창설하고 주민등록제를 만들

고 학원에서 군사교련을 강화해 북의 의도와는 어긋나게 오히려 반
공체제와 함께 권력을 강화했다.

박정희의 3선개헌 추진은 불가피하게 공화당 주류인 김종필계와
충돌하지 않을 수 없었다. 이미 6·3사태 직후 박정희는 공화당을 정
비했고, 김종필은 제2차 외유를 떠난 바 있었다. 1968년 5월에 김종
필계의 중간 보스인 김용태 등이 당에서 제명되자 김종필은 의원직
을 사퇴하고 정계에서 은퇴했다. 3선개헌 추진은 1969년에 들어와
조금씩 고개를 들었다. 3선개헌을 여름방학에 처리할 것이라는 이야
기가 돌자 6월 하순부터 3선개헌 반대시위가 일어났고, 7월 초순 전
가의 보도처럼 휴교조치가 내려졌다. 공화당 내부의 숙청과 회유가
계속된 가운데 8월 7일 개헌안이 국회에 제출되었다. 박 대통령은
도미해 미국의 지지를 과시했고, 이때부터 다시 일어난 학생시위와
야당의 반대투쟁 속에서 개헌안은 9월 14일 새벽 2시 50분경 농성
중인 야당 의원한테 고지하지 않는 위법을 저지르면서 지지 의원들
이 몰래 국회 제3별관에 모여 통과시켰다.

7. 경제발전

1950년대 후반부터 경제자립과 빈곤타파는 대중의 염원이었고,
박 정권은 쿠데타로 집권했기 때문에 경제발전으로 민심을 끌어들

국회 본회의장에서 3선개헌을 반대하며 철야농성을 벌이고 있는 야당 국회의원들의 모습

이지 않을 수 없었다. 경제는 휴전협정 체결 다음 해인 1954년부터 지반을 잡아갔으며, 1956, 57년에는 해방 이후 과제였던 인플레이션이 수습되었고 '재건 부흥'도 궤도에 올랐다. 1958년부터 외원이 줄고 정치 상황이 악화되어 성장률이 둔화되었지만, 1953~1960년 간 연평균 성장률은 4.9%에 달했다.(1950~1980년에 이르는 시기는 자료에 따라 통계에 차이가 있음) 이는 1960년대 많은 자본주의국가들의 고도성장률에 비해서는 낮은 수치지만, 같은 기간의 후진국 성장률보다는 높고, 전쟁을 겪은 것을 감안한다면 잠재력이 크다는 것을 보여주었다. 특히 1954년에서 1961년 사이에 제조업은 12.1%의 성장률을

보였다. 1961년 6월 국가재건최고회의는 농어촌 고리채 정리에 착수했고, 1년 후에는 돌연히 화폐개혁을 했지만, 둘 다 성공적이지 못했다. 1963년부터 1964년에 걸쳐서는 쌀값 폭등과 밀가루·설탕·시멘트 관련 재벌들의 3분(三粉) 폭리 문제가 겹쳐 한 신문이 1964년 초 사설에서 극소수의 신흥귀족과 절대다수의 극빈층이 최대의 문제라고 지적할 정도로 경제는 어려웠지만, 다른 한편으로는 고속성장의 궤도로 들어가고 있었다.

1960년대에는 경제환경이 눈에 띄게 좋아졌다. 제1장에서 평준화로 교육열이 팽창했음을 서술했는데, 그것은 무한 경쟁이 시작되었음을 말해주었다. 신분·종교·지역의 차별 없이 능력에 따라 경제 활동에 뛰어들 수 있었다. 인구가 1949년의 2,016만여 명에서 1960년에 2,498만여 명, 1980년에 3,812만여 명으로 증가하고, 경제 활동인구는 1960년에 899만 명 내외, 1980년에 1,443만여 명이었는데, 1960, 70년대는 한글세대인 산업예비군이 풍부했다. 이들은 부모·형제·처자식을 위해서는 어디에서든 열심히 일할 자세를 갖추고 있었다. 전문적 능력을 갖춘 경영인도 생겨났다. 원래 한국은 국가의 인민 동원력이 컸지만, 국가능력도 더욱 강화되었다. 1950년대 중후반부터 미국에서 유학이나 연수를 마치고 돌아온 사람들을 중심으로 '성취형' 전문관료집단이 형성되었고, 통계능력도 제고되어 1960년대에 들어오면 GNP 통계 등을 상당히 정확하게 산출할 수 있게 되었다. 교육받은 양질의 노동력, 국가능력의 제고와 함께 자본형성 조건도 1950년대와는 크게 달랐다. 미국은 1950년대와는 달리 대공 최전선에 있는 한국을 경제적으로 발전시키는 것이 중요하다고 판단해 공공차관과 넓은 시장을 제공했고, 1950년대에 높은 수준의 경제발전을 이룬 일본과 서독도 차관을 제공했다. 물론 일본 청구권 자본도 베트남 특수도 중요한 역할을 했다.

한국은 인도 등 아시아 각국의 1950년대 개발계획의 영향을 받았다. 1958년 부흥부 내에 설치된 산업개발위원회에서는 1959년에 짜임새 있는 3개년 경제개발계획안을 작성한 바 있는데, 군사정권은 민주당 정부의 경제개발계획안을 토대로 하여 1961년 7월 5개년 종합경제재건계획안을, 다음 해 제1차 경제개발 5개년 계획을 발표했다. 1964년에는 안정기조로의 전환을 주내용으로 한 수정계획을 마련했다. 1967년부터 1971년에는 제2차 경제개발 5개년 계획이 시행되었다.

박정희 정부는 1960년대에 미국으로부터 원료를, 일본으로부터 기계를 가져와 풍부한 국내 노동력을 이용해 가공·조립한 경공업제품을 주로 미국에 수출하는 수출드라이브정책을 강력히 밀고 나갔다. 이를 위해 1964년에는 환율의 단일변동제를 채택했고, 1965년에는 수출 지원의 확대 등 여러 가지 수출증진정책을 썼다. GNP는 1962년에서 1966년 사이에 연평균 7.9% 성장률을 보였는데, 이 시기 일본·대만과 함께 가장 높은 성장률이었다. 수출은 눈부시게 신장했다. 제2차 5개년 경제개발계획 기간에 연평균 성장률은 9.7%로 높아졌다. 특히 제조업의 경우 제1차 경제개발계획 기간에 연평균 14.8% 성장했는데, 이 기간에는 21.5%나 되었다. 또한 1970년 7월에는 경부고속도로가 개통되었고, 그해 4월에는 포항종합제철 기공식을 가져 1973년에 준공되었다. 그렇지만 정부가 1969년에 83개 차관업체 중 45%가 부실이라고 발표할 정도로 부실업체가 많았다. 빚더미에 앉은 대기업의 위기를 타개하기 위해 대통령긴급명령으로 1972년에 경제쿠데타라고도 불린 8·3사채동결조치가 취해졌다.

경제성장에는 양지와 음지가 있었다. 서울 빈민가에는 산비탈마다 시민아파트가 서울시에 의해 날림으로 지어지곤 했는데, 1970년 5월에 와우시민아파트 건물이 폭삭 주저앉아 33명이 사망하고 40명이 부상을 입었다. 1970년에 도시에서는 48.5%가 무주택자였다. 1970년 11월 서울 을지로 6가 일대의 피복제조업체 노동자단체인 삼동회 회장 전태일(23세)이 농성을 하다 "근로기준법을 지켜주고 내 죽음을 헛되이 하지 말라"는 유서를 남기고 분신자살한 사건은 노동운동에 새로운 획을 그었다. 열악한 작업환경에서 저임금을 받으며 장시간 노동하는 수많은 노동자들한테 전태일은 참된 노동운동의 화신으로 사랑과 존경을 받았다. 전태일의 분신자살에 서울대 등 여러 대학 학생들이 추도식과 성토시위를 가졌는데, 그것은 1980년대 노동운동을 상징하는 노·학연대의 시작이었다.

1970년대 빈부격차를 보여주는 아파트단지 앞의 무허가 판자촌

8. 변화를 추구한 1971년 대선과 총선

1967년 6·8선거에서 총투표자의 절반이 공화당을 선택했는데, 부익부 빈익빈 현상, 농촌과 이농민이 대다수인 도시빈민의 절망적인 상황은 1971년에 치러질 선거에서 변화를 요구하는 마음으로 바뀌어갔다. 그런 기대에 불을 지핀 것이 40대 기수론이었다.

1969년 11월 42세의 신민당 원내총무 김영삼이 1971년 대선에 나서겠다고 선언했다. 그러자 김영삼보다 두 살 위인 김대중과 다섯 살 위인 이철승이 출마의 뜻을 밝혔다. 당내뿐만 아니라 일반 사람들도 참신함을 느꼈다. 1970년 9월 신민당 대통령후보 지명대회에서 김대중이 가까스로 김영삼을 누르고 후보가 되었다. 김 후보는 관권경제의 만능, 빈부 양극화 등을 바로잡고, 남북 간의 서신교류 등 비정치적 접촉을 고려하고, 미·소·중·일의 4대국이 한반도 안보를 보장하도록 하겠다는 정책 등을 공약으로 제시해 바람을 일으켰다. 이로써 1956년의 정부통령 선거 이후 최대의 격전을 예고하는 대통령 선거전의 막이 올랐다.

김대중 후보에 대한 바람은 부산에서부터 불기 시작해 서울에서 절정에 이르렀다. 4월 18일 김 후보의 서울 장충단 유세에는 30만 명 이상이 몰렸는데, 서민층이 많았다. 박 후보는 중앙정보부 건의에 따라 "나에게 마지막이 될 이번 선거에서 다시 한 번 신임해준다면 유능한 후계인물을 육성하겠다"라고 말했다. 그는 선거 전날 MBC 마지막 방송연설에서 이 말을 되풀이해 부동층에 영향을 미쳤다. 선거 막바지에 지역갈등을 부추기는 흑색선전물이 영남 지방에 대량 살포되었다. 4월 27일 투표 결과 박 후보가 94만여 표 차로 당선되었다. 김 후보가 호남에서 62만여 표 앞섰는데, 박 후보는 영남에서 158만여 표를 앞섰다. 박 후보는 경북에서 7.6 대 2.4로, 경남에서 7.4 대 2.6으로 김 후보를 눌렀고, 김 후보는 전남북에서 6.4 대 3.6, 서울에서 6 대 4로 우세했다.

5월 25일 치러진 국회의원 선거 결과도 박 정권을 경악하게 했다. 야당이 심한 집안싸움을 벌였는데도, 전국구 의석을 포함해 공화당

총과 학교 깃발을 들고 운동장에 사열해 있는 고등학생들

이 131석, 신민당이 89석으로, 야당이 개헌 저지선보다 20석이 더 많았다. 야당 단독으로 국회를 소집할 수 있게 되어 사상 처음으로 균형국회가 출현했다. 더구나 야당은 서울의 19개 선거구에서 18석을 차지했고, 32개 도시 64개 선거구에서 47석을 휩쓸었다. 지역편중을 말하지 않더라도, 관권·금권·선심공세를 감안하면 대선과 총선에서 실질적으로 박 정권이 패배한 것이다.

1971년에는 민주화 요구가 봇물 터지듯 쏟아져나왔다. 이해에는 4월부터 10월까지 학생운동이 끊이지 않고 전개되었다. 여러 가지 이슈가 있었지만, 제일 많이 나온 요구는 교련 철폐였다. 박 정권은 1971년 1학기부터 교련 시간을 늘리고 교관을 현역으로 바꾸는 등 교련교육을 대폭 강화했다. 학생들은 학원의 병영화를 반대하는 투쟁을 4월 2일부터 19일까지 거의 하루도 빠지지 않고 벌였고, 그 뒤에는 공명선거운동과 함께 대선과 총선에 참관인 등으로 선거에 직접 참여하는 운동을 벌였다. 이해 1월에 대구·부산 지역 판사들이 '권력으로부터의 독립'을 요구했는데, 7월 28일부터는 서울 민·형사지법 판사들이 사법부 독립을 요구하면서 집단사표를 제출하였고, 그것은 지방으로 확산되었다. 8월에는 서울대 여러 단과대 교수들이 각각 학원 자주·자율 선언을 했고, 곧 이어 지방 국립대가 호응했다.

1971년은 큰 사건이 많이 발생한 해이기도 하다. 6월에 시작된 국립의료원 인턴·레지던트들의 처우개선 요구 파업은 9월에 국립대 대학병원으로 확산되었다. 광주 지역(현재 성남)으로 집단이주한 14만 명이 서울시가 약속을 지키지 않자 8월에 성남출장소 관용차 등에 불을 지르면서 일으킨 대규모 난동(광주 대단지 사건)은 전쟁터를 방불케 했다. 9월에는 한진상사 소속 파월노동자와 가족들이 미불임금 지불을 요구하며 KAL빌딩에 방화했다. 한편 8월에는 북파 테러 훈련을 받고 있던 실미도의 특수요원 21명이 탈출해 서울 침투를 기도하다 많은 인명 피해를 냈다.

이해를 전후해서 특히 동아시아에서 그러했지만, 국제적으로도 큰 변화가 있었다. 1969년 집권한 서독의 브란트 수상이 대동방정책을 펴 동서 화해의 길을 열었다. 닉슨 미대통령은 1971년에 아시아 국가 분쟁에 지상군을 파견하지 않겠다는 닉슨독트린을 발표하고, 이어서 중국과 화해를 모색했다. 이해 10월 중국이 제3세계의 지지를 받아 유엔에 가입해 안전보장이사회 상임이사국이 되었다.

박정희 정부는 두 차례의 선거에서 드러난 민심의 향방과 민주화 요구, 국제적인 데탕트 곧 긴장완화에 역행하는 방향으로 나아갔다. 10월 초순 학생들의 학원 병영화 반대시위와 부패 특권층 공개에 군인들이 학원에 난입했고, 10월 15일 또다시 위수령이 발동되어 군대가 거리로 나왔다. 23개 대학에서 177명이 제적되었고, 이들은 강제로 군에 끌려갔다. 박정희는 12월 6일 국가위기의 조짐이 없는데도 '북한괴뢰의 남침 준비 광분' 등을 이유로 국가비상사태를 선언했다. 12월 21일에는 대통령에게 광범위한 비상대권을 부여한 국가보위에 관한 특별법안을 제출해 27일 3선개헌 비슷하게 국회의사당 별관에서 여당 단독으로 전격 통과시켰다.

국제적인 데탕트 흐름에 보조를 맞추는 움직임도 있었다. 박정희는 쿠데타를 일으키면서 4월혁명기의 통일운동 관계자들을 엄혹하게 처단하고, 먼저 건설하는 것이 중요하다면서 통일 논의를 철저히 탄압했다. 그런데 1971년 8월 대한적십자사에서 남북적십자회담을 제의하고, 북이 호응해 회담이 진행되었다. 1972년 7월 4일에는 통일 3원칙으로 ① 외세 간섭 없이 자주적으로 해결하고, ② 평화적 방법으로 실현하고, ③ 사상과 이념을 초월한 민족적 대단결을 도모한다는 것에 합의했으며, 남북 간의 제반 문제를 해결하기 위해 남북조절위원회를 설치한다는 내용을 담은 7·4남북공동성명을 발표했다. 통일 3원칙은 북이 그동안 주장했던 바와 유사했다. 1969년의 국토통일원 여론조사에서도 90% 이상이 통일은 이루어져야 한다고 답변했지만, 7·4남북공동성명에 대해 민중들이 보여준 대단한 환호는 정부를 놀라게 했다.

4장

유신체제와
반독재투쟁

1. 유신쿠데타

　1972년 10월 17일 박정희는 국회를 해산하고 헌법 일부 조항의 효력을 정지시킨다는 특별선언을 발표하고 비상계엄령을 선포했다. 친위쿠데타를 일으킨 것이다. 10월 27일 비상국무회의는 헌법 개정안을 의결해 공고하고, 11월 21일에 국민투표를 거쳐 확정했다. 유신헌법에서 대통령은 국회의원을 3분의 1 임명할 수 있었고, 대법원장과 법관의 임명권까지 부여되어 입법·사법·행정 3권을 한 몸에 장악했다. 국회의 권한은 현저히 약화되었다. 이런 권한에다가 긴급조치권·국회해산권·법률안거부권까지 갖는 대통령을 통일주체국민회의라는 허수아비 기구에서 선출하게 했다. 또 대통령은 '주권적 수

임기관'인 통일주체국민회의 의장이었다. 박정희는 '한국적 민주주의'를 내세웠지만, 유신체제는 민주주의를 유린한 사실상의 민주헌정 중단 사태였다. 유신체제 옹호자들은 유신헌법이 프랑스 드골헌법을 모방했다고 강변했지만, 유신체제는 대만이나 스페인의 총통제와 흡사했다.

통일주체국민회의에서 99.9%의 득표로 유신대통령에 선출된 박정희는 12월 27일 장충체육관에서 취임식을 가졌다.(체육관대통령) 국회의원 선거는 1973년 2월에 있었다. 계엄령을 선포한 후 박정희의 지시로 10여 명의 야당 의원들이 헌병대 등에 끌려가 모진 고문을 당했고, 그중 4명이 구속되었으며, 다른 야당 의원들은 유신 지지 각서를 쓴 뒤라 선거 같지도 않았다. 도시에서 여당 후보가 낙선될 것이 두려워 한 선거구에서 두 명을 선출하는 방식을 고안해서, 73개 지역구에서 공화당이 73석을, 신민당이 52석을 차지했다. 대통령 임명 케이스인 유신정우회(유정회) 의원 73명을 포함하면 항상 여당이 3분의 2를 차지할 수 있었다.

박정희가 유신쿠데타를 일으킨 것은 1971년의 대선이 직접적인 원인이지만, 후진국에서 장기집권으로 권력이 한 사람한테 집중되면 절대권력을 추구하게 되어 있다는 점도 작용했다. 3선개헌 과정에서 공화당에서 김종필계는 권력을 잃었고, 김종필계를 대신해서 등장한 김성곤 등의 4인체제는 1971년에 오치성 내무장관 해임결의안을 통과시킨 10·2항명 파동으로 몰락해 공화당은 박 대통령 친정

체제하에 들어갔다. 사법부는 1971년 사법부 파동 이후 그 이전보다도 현저하게 독립성을 상실했다. 학생들은 제적당하거나 군대에 끌려갔으며, 몇몇 학생은 1972년에 서울대 내란음모 사건으로 재판에 회부되었다. 언론은 이미 3선개헌 때에 무력증을 보였는데, 1971년 위수령 이후부터 다음 해 5월까지 471명이 강제추방 당하고, 48명이 기관원 등에 의해 연행·고문·심문을 당했다. 이승만은 집권 6년에 사사오입개헌을 하고, 12년째에 부정선거를 자행했는데, 박정희는 집권 8년에 3선개헌을 하고, 11년째에 쿠데타를 일으켰다. 장기집권한 자는 보복당할까 봐 물러서기가 어렵다는 점, 측근의 아부도 작용했다.

유신체제는 박정희에게만 맞는 옷이었다. 한국은 독일이나 이탈리아처럼 파시즘운동도 없었고, 재벌들이 유신체제를 요구하지도 않았다. 중화학공업 때문에 유신체제가 출현한 것도 아니었다. 유신체제는 밀실에서 만들어졌다. 장기간 청와대비서실장이었던 이후락 중앙정보부장이 극비리에 평양에서 김일성을 만나고 온 1972년 5월에 '풍년사업'이란 암호명으로 아이러니컬하게도 1979년 10·26의 비극을 낳게 될 청와대 옆 궁정동별관에서 박정희를 총지휘자, 이후락을 부지휘자로 한 특별기획팀이 가동되었다. 박정희는 일제 황국군인의 향수에 젖어 있었고, 의회정치를 배격하고 효율의 극대화를 주장한 군국주의 장교들의 1936년 2·26쿠데타에 심취해 있었으며, 5·16군정의 장기화를 추구한 바 있었다. 유신체제는 박정희와 운명을 같이하게 되어 있었다.

　박정희는 1972년 2월 닉슨 미대통령의 중국 방문, 9월 중국과 일본 간의 수교를 유신쿠데타 명분으로 삼으려고 했으나 두 나라 모두 반대해, 할 수 없이 평화통일 구현을 위한 민족주체세력 형성의 일대 전기를 맞이하기 위해서 결단을 내렸다고 주장했다. 그렇지만 모순되게도 박정희가 유신체제 보위를 위해 가장 많이 사용한 것이 반공·반북 캠페인이었고, 이로 인해 남북관계는 최악의 상태가 되었다. 이미 1971년 대통령 선거에 맞추어 보안사는 재일교포 유학생 서승·서준식 형제의 간첩단 사건을 발표한 적이 있었는데, 유신 선포 직후에도 수십 명의 재일교포 유학생들을 간첩단 사건으로 중형을 선고했다. 그와 함께 감옥에서는 사상범을 전향시키기 위한 고문이 자행되었다. 유신체제하에서의 반공교육으로 남쪽 주민들은 북녘 하면 붉은 이리떼, 학살 만행을 떠올렸다. 어느 여중생이 글짓기에서 "너희들(북의 주민)은 이 세상 사람같이 느껴지지 않는구나"라고 글을 쓸 정도로 반공교육은 비교육적이었고 병든 인간을 만들어냈다. 유신정권은 전가의 보도처럼 '북괴 남침'이 임박했다고 끊임없이 선전해 위기의식을 조장했다. 성인에서 어린아이에 이르기까지 반공교육이 큰 효과를 낼 수 있었던 것은 TV가 톡톡히 한몫했다. 라디오는 이미 1970년에 10명당 1대꼴이었고, 1975년에는 3명당 1대꼴로 보급되었으며, 가구당 TV 보급률이 1970년에 6.4%이던 것이 1975년에는 30.2%, 1980년에는 86.7%로 급증했다. 문화·오락시설

1970년대 경찰의 예고 없는 장발 단속으로 노상에서 강제로 이발당하는 장발족

이 빈약했기 때문에 저녁만 되면 모두 다 TV 앞에 모여들었다.

유신체제는 물샐틈없는 감시·규제체제였다. 한편으로는 상업주의·향락주의의 저질문화의 범람을 방임·조장하면서, 출판물·음반·영화·연극·가요 등을 단속한 것이나 미니스커트, 장발을 단속한 것도 그런 감시·규제체제의 일부였다. 영화관에서는 반공 뉴스를 내보내며 기립해서 화면에 나오는 애국가를 듣게 했고, 오후 6시면 걷다가도 나팔 소리 등에 맞춰 똑바로 서서 국기에 대해 경의를 표하게 했다.

유신체제는 철벽처럼 견고해 보였다. 그러나 학생·시민은 민주헌정 중단에 불만이 커 계엄령 비슷한 효과를 갖는 대통령긴급조치를 발동하지 않으면 유지할 수 없는 체제였다.

2. 반유신투쟁과 '인혁당 사건'

유신쿠데타 직후에는 아무도 그것에 항의하지 못했다. 정치인·지식인·언론인들이 유신체제를 찬양하는 소리만 높았다. 다만 1973년에 들어와 고려대 NH회 사건(일명 「민우」지 사건), 검은10월단 사건(일명 야생화 사건), 전남대 「함성」지 사건의 경우처럼 음성적인 지하유인물투쟁이 있었다. 검은10월단은 당국이 1972년 뮌헨 올림픽을 피로 적신 팔레스타인의 검은9월단에서 힌트를 얻어 붙여준 이름이었다.

1973년 4월 남산 야외음악당 개신교 부활절 연합예배 사건은 반유신운동이 최초로 표면에 떠오른 사건이란 점에서 주목할 만하다. 이 사건은 기독교가 반독재민주화운동에 뛰어든 사건이라는 점에서도 의의가 있다.

1973년 8월 8일 일본 도쿄에서 중앙정보부 요원들한테 납치되어 5일간 사경을 헤매다가 구사일생으로 8월 13일 서울로 귀환한 김대중 납치 사건은 박정희 유신정권의 야만성을 국내외에 널리 알렸다. 김대중은 유신쿠데타가 발생했을 때 해외에 있어 괜찮았는데, 박정희한테 미국과 일본에서 반유신운동을 벌이는 김대중은 눈엣가시 같은 존재였다.

유신체제 반대자를 제거해 유신체제를 강고히 쌓아올리려던 김대중 납치 사건은 역설적이게도 유신반대투쟁의 봉화를 올리게 하는 계기가 되었다. 김대중 납치 사건을 계기로 10월 2일 서울대 문리대생들은 유신반대시위를 전개했다. 문리대생들이 기다렸다는 듯이 그처럼 열렬히 호응한 것은 1960년 4월 19일 이후 처음이었다. 당국은 강경조치로 나와 180명 연행자 중 20명을 구속, 22명을 제적, 18명을 자퇴, 56명을 무기정학시켰다. 그러나 유신반대투쟁은 요원의 불처럼 일어나 서울대 각 단과대로 퍼졌고, 전국 각 대학이 호응했다. 학생들은 구속학생 석방과 처벌 백지화를 요구하며 동맹휴학, 강의 거부투쟁을 벌이다가 11월 하순부터는 시험 거부투쟁에 들어갔다. 당황한 박정희는 구속학생을 전원 석방하고, 모든 처벌을 백지화했다. 학생 요구에 이처럼 백기를 든 것은 박 정권에서 처음 있는 일이었다.

학생들의 투쟁은 사회에 영향을 미쳤다. 12월 초에 동아일보 기자들은 언론자유수호 선언문을 채택했고, 12월 13일에는 윤보선 등 재야인사 11명이 민주주의체제 확립과 평화적 정권교체를 요구했다. 12월 24일 장준하 등이 헌법개정청원운동본부를 설치하고, 100만인 서명운동에 들어간 것은 박정희한테 충격을 주었다. 그는 서명운동을 즉각 중지하라고 요구하다가 1973년 1월 8일 긴급조치 1～2호를 발동했다. 유신헌법을 부정·반대·비방하는 자는 최고 징역 15년형에 처할 수 있고, 자격정지 15년을 병과할 수 있으며, 이를 위해 보통군법회의와 고등군법회의를 설치한다는 것이 주내용이었다. 며칠 후 장준하·백기완이 구속되어 15년형을 받았고, 이해학·김진홍 등 개신교 교역자들과 연세대 학생들이 잇달아 구속되었다. 2월 25일에는 이호철·임헌영 등이 연루된 '문인·지식인 간첩단 사건'이 발표되었다.

유신체제를 수호하기 위해 대규모 사건을 조작해 최고형에 처함으로써 다시는 반유신운동이 일어나지 않게 하겠다는 박정희의 확고한 결의가 담긴 사건이 민청학련 사건, 인혁당 사건이었다. 박정희는 1974년 4월 3일 긴급조치 4호를 선포했다. '전국민주청년학생총연맹(민청학련)' 가담자로 자수를 하지 않으면 최고 사형에 처하고 대학 폐쇄를 불사하겠으며 군은 유사시 출동하라는 조치였다.

학생들은 1973년 12월부터 반유신시위를 여러 대학이 일으킬 수 있도록 조직 활동에 들어갔다. 그러나 '전국민주청년학생총연맹'이란 「민중·민족·민주선언」 등의 유인물에 붙여진 이름일 뿐 그런 단체가 존재하지는 않았다. 또 학생들이 계획한 4월 초 시위도 워낙 싸늘한 분위기여서 서울대 문리대 등 몇 군데에서 규모가 작은 시위가 있었을 뿐이다. 그럼에도 불구하고 유신권력은 민청학련의 주동으로 4월 3일 일제히 봉기해 청와대 등을 점거해 정권을 인수하고 노동자·농민정부를 세우려 했다고 발표했다. 이처럼 중앙정보부는 처음에는 민청학련 중심으로 사건을 발표하더니 나중에 가서는 '과거 공산계 불법단체인 인혁당 조직'과 재일 조총련계 일본공산당이 배후라고 발표하고, 그 뒤에는 인혁당이 민청학련을 조종한 것으로 발표했다. 제1차 인혁당 사건은 1964년에 6·3사태의 배후인 것처럼 발표한 바 있었다.

당국은 1,024명을 조사해 203명을 구속했다. 군사재판 중 강신옥 변호사는 피고인들한테 고문당했느냐고 묻다가 법정구속되었다. 민청학련 사건 제1차 기소자 32명 중 7명이 보통군법회의에서 사형선고를 받았는데(이 중 5명은 국방장관 확인 절차에서 무기로 감형), 여정남은 2심 확인 절차에서도 사형이었다. 인혁당 관계자 22명 중 사형판결을 받은 7명은 항소심에서도 사형이었다.

1974년 8월 15일 광복절 기념행사에서 여러 발의 총성이 울렸고, 대통령 부인 육영수 여사가 비명에 숨졌다. 당국은 재일교포 문세광의 총에 맞은 것으로 발표했지만, 여러 곳에서 의혹이 제기되었다. 지난 2005년 MBC와 SBS는 각각 두 차례의 방영을 통해 문세광이 아닐 수 있다는 점을 구체적인 사실과 실험을 통해 제시했다. 육영수 피살 후 반일시위가 계속 일어나자, 김대중 납치 사건 때와는 거꾸로 이제는 일본정부가 진사사절단을 보냈다. 이 사건은 한동안 반유신운동을 잠재우는 데 기여했다.

민청학련 사건을 대단한 것으로 부풀려 반유신세력을 일거에 뿌리 뽑아버리겠다는 박정희의 단기(短氣)는 오히려 큰 적을 만들어내는 결과를 가져왔다. 당국은 민청학련 관계자들이 통일전선을 기도했다며 윤보선·박형규·지학순 등을 기소했는데, 원주교구 지학순 주교의 구속은 파문을 불러일으켰다. 1974년 7월 귀국하면서 중앙정보부에 연행된 지 주교는 그 이후 민주화운동의 심벌이 되는 양심선언을 발표했고, 천주교에서는 합동기도회 등으로 항의했다. 9월 26일 서울 명동성당에서 기도회가 끝난 뒤 유신헌법 철폐와 지 주교 등의 즉각 석방을 요구하는 신부와 수녀, 평신도의 시위가 있었다. 이날 천주교정의구현전국사제단(정의구현사제단)이 출범했다. 정의구현사제단은 유신체제를 가차없이 비판하면서 인혁당 사건 등의 진상규명을 요구한 가장 투쟁적인 반유신단체였다. 한국기독교교회협의회(NCC) 인권위원회는 반유신투쟁을 측면 지원했다.

정의구현사제단이 발족될 무렵부터 없어진 줄 알았던 대학·고교 시위가 1974년 11월까지 계속되었다. 10월 24일 동아일보 기자들

의 자유언론실천선언에 여러 언론사 기자들이 호응했고, 11월 18일
에는 자유실천문인협의회 101인 선언이 있었다. 11월 27일 재야인
사 71명이 모여 반유신투쟁의 구심체로서 민주회복국민회의를 발족
시켰다.(상임대표위원 윤형중 신부) 12월에는 신민당에서 반유신운동에
호응했다. 1973년 10월 2일 이후의 상황과 비슷했으나, 그때보다 종
교계와 언론계나 재야인사와 정당에서 규모가 확대되어 합세했다는
점이 달랐다.

당황한 당국은 동아일보 광고 탄압으로 대응했고, 무더기 광고계
약 해약 사태에 각계에서 격려광고를 내 광고면을 장식했다. 1975년
2월 박정희 정부는 국내외의 압력에 견디다 못해 인혁당 관계자 등
일부를 제외하고 민청학련 관계자 등 긴급조치 위반자들을 석방했
다. 이들은 석방될 때 세상이 뒤바뀐 듯 개선장군처럼 환영받아 박
정권한테 충격을 주었다.

1975년 3월에 들어와 동아일보사 측은 기자들을 무더기로 잘랐
고, 조선일보사도 기자들을 해고했다. 3월 18일 163명의 기자가 동
아자유언론수호투쟁위원회(동아투위)를 결성했고, 3월 21일에는 조선
일보자유언론수호투쟁위원회(조선투위)가 결성되었는데, 조선투위에
는 그 뒤에 해고된 기자들을 포함해 33명이 가입했다. 이들은 유신
체제가 붕괴될 때까지 투쟁을 멈추지 않았다.

기자들을 대거 내쫓기까지 했지만, 대학가는 3월 하순부터 술렁거
렸다. 연세대·한신대·서울대·고려대에서 시위가 계속 일어나자, 4월

8일 긴급조치 7호가 선포되어 고려대에 휴교령이 내려졌다. 이날 대법원은 민청학련·인혁당 사건 원심을 인정하는 판결을 내렸다. 다음날 새벽 인혁당 관련자 7명과 민청학련의 여정남 등 8명에 대해 사형집행을 하고 즉각 화장시켰다. 유신정권의 잔혹성을 적나라하게 보여준 사법살인이었다. 이틀 후인 4월 11일 서울대 농대 김상진이 농대 학생들 성토장에서 양심선언문을 읽은 후 할복해 다음 날 사망했다.

3. 긴급조치 9호 시대

박정희 유신체제는 뜻밖에도 인도차이나사태 때문에 호전되었다. 4월 중순 크메르루즈군이 프놈펜을 함락시켰고, 4월 30일에는 베트남정부가 공산군에 무조건 항복했으며, 5월 초에는 라오스에서 좌파가 실권을 장악해 인도차이나가 공산화되었다. 이에 보수반공세력이 위기감을 가져 반유신 활동의 범위가 크게 축소되었다. 개신교 18개 교단 대표들이 안보대열에 설 것을 촉구했고, 전국적으로 안보궐기대회가 열렸다. 신민당도 안보대열에 참여했다. 5월 13일 긴급조치 9호가 선포되어, 유신헌법을 반대하는 활동을 일체 금지했고, 그런 활동을 일체 보도하지 못하게 했으며, 이런 조치에 위반한 자는 영장 없이 체포해 징역에 처했다. 반유신 활동을 보도 또는 전파

하지 못하게 한 긴급조치 9호는 그 이전의 긴급조치보다 훨씬 교묘하게 반유신운동을 제약해 긴급조치의 결정판으로 불리었다. 이때부터 1979년 10월 26일 유신정권이 붕괴될 때까지 암울한 '긴조(긴급조치) 9호' 시대가 계속되었다. 7월에는 사회안전법·방위세법·민방위기본법과 교수재임용을 제한한 교육관계법 개정법률 등 4대 전시입법이 국회를 통과했다. 사회안전법은 일제의 조선사상범보호관찰령과 유사한 법이었다. 9월에는 4월혁명으로 사라진 학도호국단이 이름 하나 바뀌지 않고 25년 만에 부활했다.

인도차이나사태 이후 엄혹한 상황이 왔지만 김상진의 죽음을 헛되이 할 수 없다고 생각한 서울대생들은 5월 22일 '김상진 군 장례식 및 추도식'을 거행한 후 4천여 명이 시위에 나섰다. 이 시위는 1970년대 대학가를 풍미했던, 탈춤 마당극의 가면극회가 적극 참여했다. 이 시위로 29명이 감옥에 갔다.

1950, 60년대 지식인사회에 영향이 컸던 『사상계』 발행인으로, 반박정희투쟁의 맹장이었던 장준하가 의문의 죽음을 맞은(1975. 8.) 다음 해 그의 신학교 동창인 문익환 등은 더 이상 시국을 좌시할 수 없어 구국선언문을 마련했다. 1976년 3·1운동 57주년 기념일에 윤보선·김대중 등 정치인과 개신교 목사·천주교 신부들이 주로 서명한 3·1민주구국선언문이 명동성당에서 낭독되었다. 이 사건은 그다지 주목받지 않고 넘어가는 것 같았다. 그런데 검찰이 김대중·문익환·함세웅 등이 선언문을 낭독해 민중봉기를 유도, 확산시켜 정부를

전복하고 정권을 탈취하려고 했다고 발표하고, 김대중 등 11명을 구속하면서부터 큰 사건으로 부각되었다. 이때부터 명동성당은 종로 5가에 있는 기독교회관과 함께 민주화운동의 성지가 되었다.

3·1구국선언문 사건 이후에도 시국은 얼어붙어 있었다. 1976년 8월 판문점 도끼 만행 사건 이후 북이 곧 남침할 것이라는 정부의 주장이 한층 높아졌다. 1977년 3월 윤보선·윤형중·천관우 등은 민주구국헌장을 발표했지만 얼어붙은 분위기를 깨지는 못했다.

인도차이나사태 이후 지식인은 수난 시대를 맞이했다. 1975년 7월 전시입법의 하나로 교육관계법 개정법률안이 통과되어 교수재임용제를 실시했는데, 이 제도로 1976년 2월 416명의 교수가 재임용에서 탈락되었다. 1977년 6월에『노예수첩』이 긴급조치에 위반된다고 하여 시인 양성우가 재판에 회부되었다. 그해 11월에는 유신반공세대를 '의식화'시키는 데 바이블처럼 읽혔던『전환시대의 논리』(1974)의 저자 리영희가 구속되었고, 1970년대에 비판적 계간지로 널리 읽히던『창작과비평』의 백낙청이 불구속 기소되었다. 그러나 지식인들은 현실을 방관하지 않았다. 같은 해 12월에 김병걸·김찬국·성내운 등이 해직교수협의회를 결성해 민주교육선언을 발표하고, 1978년 6월에는 전남대의 송기숙 등 11명이 '우리의 교육지표선언'을 발표했다. 이 선언은 1968년 12월 박 대통령에 의해 선포되어 학교와 군대, 각종 기관에서 일제 말의「황국신민서사」나 이승만 정권하의「우리의 맹세」처럼 외우게 했던「국민교육헌장」이 일제하의 교육칙

어를 연상케 한다고 비판하고 인간다운 교육을 강조했다.

1975년 5·22시위 이후 어려운 상황에서도 학생들은 '지하유인물'을 돌리고 시위투쟁을 기도하고 벌였으나 대학은 중앙정보부 요원, 형사기동대, 전투경찰대, 행정직원 등에 의해 철통처럼 포위된 병영이었다. 교수들도 감시하기 위해 따라붙었다. 학생들은 더 이상 감옥에 가는 것이 문제가 아니었다. 붙들릴 때까지 난간 같은 곳에 매달려 다만 몇 분만이라도 버티면서 더 많은 학생들을 모으고 유인물을 살포하기 위해 안간힘을 썼다.

1977년 가을부터 학원에서 반유신투쟁이 살아났다. 10월에는 연세대에서 4천여 명이, 11월에는 서울대에서 3천여 명이 시위에 참가했다. 1978년 봄부터 학생시위가 부쩍 늘어났다. 그해 6월 26일에는 서울의 여러 대학 학생들이 미리 예고한 대로 광화문 일대에 집결해 연합시위를 성공적으로 치러내면서 학생들은 더욱 자신을 가졌다. 2학기에 학생시위는 더 활기를 띠었고, 10월에는 12월 12일 실시될 총선을 거부하는 집회를 갖자는 유인물이 전국 각지에 나돌았다.

4. 김영삼, 박정희와 격돌

1978년 12월 12일에 치러진 국회의원 선거는 세계를 놀라게 했다. 유신체제하의 병영국가에서 치러진 선거인데도 득표율에서 신민당이 공화당을 1.1% 앞지른 것이다. 불황이 점차 심화되고, 투기가 만연한 가운데 정경유착으로 부정부패가 심한 데다가 유권자가 장기집권에 염증을 가졌던 것이 주요 요인이었다. 통일주체국민회의에서 99.9%의 득표로 박정희는 12월 27일 유신대통령 취임식을 가졌는데, 그 자리에는 일본에서 전 수상 기시가 이끈 12명만이 하객으로 참석했다. 미국도, 심지어 대만도 사절단을 보내지 않았다.

12·12총선 이후 재야는 반유신투쟁·민주화운동의 구심체 조직에 착수해 1979년 3월 1일 '민주주의와 민족통일을 위한 국민연합(국민연합)'을 결성했다. 윤보선·함석헌·김대중을 공동의장으로 한 국민연합은 명칭에 민족통일이 들어간 것이 말해주듯 유신쿠데타 이후 잠복했다가 1970년대 후반에 해외에서부터 논의된 통일문제를 민주주의문제와 함께 부각시켰다.

1979년 5월 30일에 김영삼이 김대중 등의 지원을 받아 신민당 총재로 선출된 것은 유신체제 붕괴 드라마의 서막이었다. 1974, 75년에 김영삼 신민당 총재는 반유신투쟁의 깃발을 높이 드는 것 같았는데, 인도차이나사태 이후 태도가 달라지더니 1975년 5월 21일 박정희 유신대통령과 단독회담을 하고부터는 꿀먹은 벙어리가 되었다. 그해 10월 직계인 김옥선 의원이 국회에서 유신체제를 강도 높게 비판하다가 의원직에서 쫓겨날 때도 별 대응이 없었다. 그러나 박정희는 냉혹했다. 1976년 5, 6월 신민당 전당대회는 깡패들의 각목싸움으로 난장판이 되었고, 김영삼은 이철승한테 당수직을 빼앗겼다.

이철승은 중도통합론을 들고 나와 유신체제에 순응하는 모습을 보였다.

박정희와의 격돌은 김영삼 총재가 6월 11일에 카터 미대통령의 방한이 유신정권을 도와준다면 우리 국민은 실망할 수밖에 없다고 말하고, 김일성과 면담할 용의가 있다는 발언을 하면서부터였다. 유신권력은 뒤의 발언을 주로 트집 잡아 반국가적 행위로 규탄했다. 수많은 어용단체들이 규탄성명을 내고 신민당사에 난입했다. 반유신투쟁은 카터 방한 이후 더욱 격화되었다. 1960년대 후반에 혈맹·밀월관계였던 미국정부와 박정희는 1970년대에 들어서면서 주한미군 철수 문제, 닉슨독트린, 베트남전에서의 철수 문제와 유신쿠데타로 원만하지 못했는데, 1977년 1월 인권을 앞세우고 주한미군 철수를 공약한 카터 행정부가 출범하면서 더욱 껄끄러운 사이가 될 수밖에 없었다. 게다가 박정희의 지시에 의한 박동선의 미국의회 로비사건이 장기간 미국에서 톱뉴스가 되면서 두 정부는 사이가 더욱 나빠졌다. 6월 29일 방한한 카터는 박정희에게 일시적으로 주한미군 철수를 연기한다고 발표했지만, 김영삼·김수환 등과 각각 별도회담을 가진 다음에 박정희한테 직접 인권문제를 제기했다.

8월 9일 YH무역 여성노동자 187명이 사주가 미국으로 돈을 빼돌리고 몇 달치 월급을 안 주고 폐업한 것에 항의해 신민당사에 들어가 농성을 하면서 김영삼과 박정희 관계는 더욱 악화되었다. 신민당은 이 농성을 지원했다. 8월 11일 새벽 2시경, 1천여 명의 경찰이 농

신민당사에서 농성 중인 YH무역 여성노동자들을 무자비하게 끌어내는 경찰들

성진압작전을 폈다. 그 와중에 노동자 김경숙이 '추락' 해 사망하고, 수십 명의 노동자와 국회의원을 비롯한 신민당원 30여 명, 기자 12명이 경찰 폭력에 부상을 입었다. 신민당은 무기한 농성에 들어갔고, 미국도 경찰 책임자 처벌을 요구했다.

8월 13일 원외지구당 위원장 3명이 신민당 총재단 직무정지 가처분신청을 냈고, 9월 8일 서울민사지법은 이것을 받아들여 전당대회의장 정운갑을 총재직무대행으로 선임했다. 이로써 신민당은 양쪽으로 갈라졌는데, 놀랍게도 서슬 퍼런 유신권력이 미는 쪽보다 김영삼 쪽에 더 많은 의원이 가담했다. 무의식 중에 유신의 운명을 감지했기 때문일까. 9월 3일 춘천 강원대생 800여 명이, 4일 대구 계명대생 1,500여 명이, 11일 서울대생 1,500여 명이, 20일 다시 서울대생 1,000여 명, 26일 이화여대생 3,000여 명이 유신철폐 집회를 열거나 시위를 벌였다.

김대중이 이리저리 생각하는 형이라면 김영삼은 저돌적이었다. 그는 누를수록 더 거세게 튀는 용수철 같았다. 9월 10일 김영삼은 박 정권을 불법·무법정권으로 규탄하고, 민주회복을 바라는 모든 국민의 힘을 결집해 박 정권 타도의 국민적 항쟁을 전개하겠다고 선언했다. 15일에는 『뉴욕타임스』와의 회견에서 카터 미행정부는 국민으로부터 유리된, 소수 독재자인 박 정권에 대한 지지를 철회해야 한다고 발언했다. 공화당과 유정회는 벌떼같이 일어나 '사대주의', '반국가적 언동'으로 규탄하고 김영삼의 의원직을 박탈하는 징계안을 제출했다. 10월 4일 경호권을 발동한 가운데 법사위와 본회의를 여당 단독으로 열고 제명결의안을 전격 처리했다. 박정희는 민심을 전혀 아랑곳하지 않고 나아가도 한참 나아가고 있었다. 자신의 감정을 제어하지 못한 채 과거 일본군인한테서 볼 수 있는 단기(短氣)가 발동되고 있었다. 김영삼은 이는 나라의 불행이라면서, "나는 잠시 죽는 것 같지만 영원히 사는 길을 선택했다"고 역설했다. 민주주의와 민족통일을 위한 국민연합 등 재야세력은 김영삼을 적극 옹호했다. 10월 5일 미국정부는 글라이스틴 주한미대사를 소환했다. 13일 신민당 의원 66명이 의원직 사퇴서를 냈고, 통일당 의원 3명도 동조했다. 정국은 한 치 앞도 보이지 않았다.

5. 부마항쟁에서 10·26궁정동사태로

무엇인가 대형 사건이 터질 것 같은 분위기였다. 예감보다 훨씬 더 엄청난 사태가 1960년 3, 4월항쟁의 격전지였던 부산과 마산에서 일어났다.

10월 15일 부산대 교정에는 '10시 도서관 앞'으로 모이라는 '민주선언문'이 살포되었다. 그렇지만 학생들은 모이지 않았다. 10시 30분쯤 학생들이 술렁거렸다. '오전 10시 도서관 앞'으로 모이라는 또 하나의 유인물 '민주투쟁선언문'이 교내 곳곳에 뿌려졌다. 그러나 끝내 시위는 일어나지 않았다.

부산대의 4개 그룹이 10·16결행을 짰다. 10월 16일 부산대 시위대는 삽시간에 2천여 명으로 늘어났다. 시위대가 교문을 열고 나가려 할 때 경찰이 교내로 난입했고, 그러자 시위대는 5천 명쯤으로 불어났다. 학생들은 "독재타도", "유신철폐" 등을 연호하며 온천장·서면·남포동·광복동·시청 쪽으로 진출해 도심지에서 시위를 벌였다. 동아대·고려신학대 학생과 고교생들이 합세했다. 시위대는 몇 대로 나뉘어 게릴라처럼 도심지 골목을 빠져나가며 경찰과 공방전을 벌였다. 상인들이 다수 포함된 시민들은 손을 흔들거나 박수로 성원했고, 경찰한테 야유를 퍼부었다. 민심이 이렇게 돌아선 것은 중소기업의 도산 등 불황과 세금의 과중징수도 작용했지만, 부산 지역 출신인 김영삼에 대한 박정희의 탄압이 크게 한몫했다. 저녁 6시부터는 5만 명의 학생·시민이 거리의 투사가 되었다. MBC 차량 습격에 이어 11개의 파출소가 파괴되었고, 파출소에 걸려 있던 박정희 사진이 불태워졌다. 꼭 19년 전의 4월 19일로 되돌아간 것 같았다.

유신 선포 7주년인 10월 17일 부산대는 휴교조치를 내렸으나, 오후에 동아대생들이 시위를 벌였고, 다시 저녁 6시경부터 시위인원은 엄청나게 불어났다. 3,400여 명의 경찰로도 막지 못해 군대가 투입되었으나 진압에는 역부족이었다. 18일 새벽 1시 30분까지 계속된 항쟁에서 파출소 21개소, 경찰 차량 18대와 경남도청, 중부세무서, KBS, MBC, 부산일보사 건물 등이 파괴되었다. 박정희는 18일 0시를 기해 부산 일원에 비상계엄을 선포하고 2개 여단의 공수부대를 투입했다.

마산에서는 18일 휴교령이 내린 경남대생들의 시위와 함께 항쟁이 시작돼 저녁 6시경부터 격화되었는데, 시민이 더 많았다. 노동자·회사원·점원·대학생들이 주축인 시위대는 공화당사·파출소·신문사·방송국·법원·검찰청 등의 기물을 파손하며 자정 무렵까지 계속 시위를 벌였는데, "김영삼 만세!"라는 구호도 나왔다. 밤 10시 45분경부터 군인이 투입되었다. 19일 공수부대 1개 여단 등 군인들이 탱크를 앞세우고 경비하는데도 밤이 되자 또다시 시위가 격화되었다. 부산처럼 여러 계층이 참여한 민중항쟁이었다. 시위는 다음 날 새벽 2시까지 계속되었는데, 20일 마산·창원에 위수령이 발동되었다.

부산·경남 지구 계엄사는 부산에서 1,058명, 마산에서 505명을 연행해 부산 43명, 마산 46명을 군사재판에 회부했다.

1979년 10월 26일에 유신체제의 산실이었던 청와대 옆 궁정동 중앙정보부 별관에서 대통령과 비서실장·경호실장·중앙정보부장과 2명의 여자가 참석하는 '대행사'가 열렸다. 대행사는 한 달에 2~3회 꼴로 열렸고 박정희와 여자 1명이 만나는 소행사는 한 달에 7~8회 꼴로 열렸다. 김재규 중앙정보부장은 정승화 육군참모총장에게 근처에 와 기다리게 했다. 그 자리에서 박정희가 김영삼을 일찍 처리하지 못한 것을 후회하고 김재규의 온건론을 힐난하자 차지철 경호실장이 바로 조금 전에 "신민당이고 학생이고 간에 전차로 싹 깔아뭉개 버리겠습니다"라고 말한 바와 비슷하게 다 처치하면 그만이라고 말했다. 그 순간 김재규가 총으로 차지철을 쏘고 이어서 박정희를 쏘았다. 유신의 심장을 쏜 것이다. 이로써 유신권력은 무너졌다.

10·26이 발생한 가장 중요한 직접적 요인은 부마항쟁이었다. 김재규의 거사는 미국의 태도에 영향을 받았다. 박정희의 여자관계도 궁정동사태를 초래했다. 박정희 다음의 실력자들인 김재규와 차지철의 갈등도 10·26을 가져온 중요한 한 요인이었다. 온건노선과 강경노선을 대표하는 두 사람은 정책이나 반유신 활동에 대한 대책에

서 사사건건 충돌했고, 요직 인사에서 경쟁했다. 차지철은 군 사조직인 하나회에서 대부 역할을 하는 등 군부나 권력의 핵심 부문에 사람을 심거나 세력을 확장했다. 그리고 독자적으로 정보원을 두어 중앙정보부의 고유업무인 여·야당 사찰까지 하는 등 지휘체계를 문란하게 하고 월권행위를 했다.

10·26이 발생한 기본 요인은 박정희한테 있었다. 박정희는 김영삼의 의원직 박탈 이전에도 초강경조치로 문제를 풀어나가는 경우가 많았는데, 1978년 12·12선거에서 민심의 동향을 알 수 있었는데도 감정을 통제하지 못하고 조급하게도 단기를 발동해 김영삼의 신민당 총재직 박탈에 이어 의원직 박탈이란 어이없는 짓을 계속했다. 그는 차지철이 군단장급 중장을 경호실 차장에 앉히고, 사단병력을 경호실에 배치시킬 것을 유엔군사령관과 육군참모총장에게 요구하다 탱크와 헬기, 중화기를 갖춘 30경비단 4개 대대를 휘하에 두는 등 국군지휘체계와 행정지휘체계를 문란케 하고, 장관들이나 군 수뇌부한테 안하무인 격으로 대하며 월권행위를 저지르는데도, "각하가 곧 국가다"라는 신념을 갖고 자신의 자리를 지켜주는 충직한 사람이라고 해서 차지철의 요구를 들어주고 방임한 것도 그의 정신상태가 문제가 있음을 보여주는 하나의 예였다. 박정희는 차지철 앞에서 김재규를 질책하기도 했다. 독재를 유지하기 위해서는 잔혹하고 냉정해야 하는데 박정희는 냉정하지 못했다.

경제문제는 12·12총선, 부마항쟁, 10·26사태에 모두 다 영향을 미쳤다. 1970년대 초에는 부실기업문제가 심각해 8·3사채동결조치까지 나왔지만, 1970년대에 경제는 희비의 굴곡이 심했다. 1973년은 제1차 오일쇼크에도 불구하고 고도성장을 했고, 1976, 77년에도 그랬지만, 나머지 해는 상대적으로 저성장이었다. 인플레이션도 심해 도매물가 상승이 1974년에 42.2%, 1975년에 26.5% 등 10%를 넘었다. 박정희는 1976년에 석유가 극소량밖에 나오지 않아 경제성이 없다는 것을 알면서도 포항석유설을 발표해 몇 달 동안 사람들의 시선을 그쪽으로 돌려 들뜨게 하더니만 1977년에는 행정수도이전설을 발표했다. 이해부터 부동산투기가 본격적으로 발동되었다. 가장 큰 문제는 중화학공업이었다. 유신체제 지지도를 높이기 위해 일본에서는 사양산업으로 떠넘기고 있던 중화학공업을 중심으로 야심찬 경제발전 계획을 구상해, 1973년 5월 중화학공업추진위원회가 구성되었다. 그러나 외채의 과다중복투자가 유신체제의 발목을 잡아버렸다. 제2차 오일쇼크까지 겹쳐 유신 말기 중화학공업 가동률은 50%에서 30%를 오르내렸고, 1980년에는 농업문제도 발생해, 1952년 이후 마이너스성장이 한 해도 없었는데 −5.2% 성장이라는 경악할 만한 사태가 벌어졌다. 눈덩이처럼 불어난 외채 문제도 대단히 심각했다.(경제기획원, 『한국경제지표』, 1985)

김재규의 거사는 민주헌정의 길을 열어놓았다는 점에서 의의가 크다. 또 큰 희생을 막을 수 있었다는 점도 생각해볼 필요가 있다. 유신 말기부터 언론 압살과 억압·정보정치, 경제난, 빈부 격차, 노동문

궁정동 현장에서 사건을 재현하는 김재규(오른쪽)

제, 도농 격차 등으로 사회가 자동조절기능을 상실한 채 용광로처럼 끓어, 언제 어디서 어떤 양상으로 폭발할지 알 수 없는 상황이었다.

김재규가 부산사태를 보고하자 박정희는 사태가 더 악화되면 내가 직접 쏘라고 명령하겠다고 말했는데, 박정희의 무단적(武斷的) 성격이나 유신 말기의 정신상태를 감안할 때 그가 몹시 싫어한 김대중 지지 지역인 광주에서 항쟁 같은 사태가 일어났을 경우 어떻게 대처했을지 두렵지 않을 수 없다.

6. 노동운동·농민운동

노동자 전태일의 분신이 있었던 다음 해 1971년은 민주화운동이 분출되었지만 노동쟁의도 급증한 해였다. 그렇지만 노동운동은 다른 어느 분야보다도 더 큰 어려움에 직면했다. 1970년 '외국인투자기업에 있어서 노동조합 및 노동쟁의조정에 관한 임시특례법'으로 노동기본권을 제한받았는데, 1971년 12월 제정된 '국가보위에 관한 특별조치법'은 단결권은 인정하면서도 사실상 단체교섭권과 단체행동권은 원천 봉쇄해 군사정권 시기로 되돌아갔고, 유신독재와 대통령긴급조치 또한 노동운동을 근본적으로 제약했다. 군사정권의 지시로 11개 산업별 노동조합으로 1961년 8월 급조된 한국노동조합총연맹(한국노총)은 대한노총과 비슷하게 반공주의·국가우선주의를 전제로 한 노사협조를 강조했고, 유신권력에 영합해 노동운동을 억압했다. 그러나 급속한 산업화로 인한 노동자의 증가에 따라 노동조합원 수는 크게 늘어나 1971년에 49만여 명이던 것이 1979년에는 109만여 명이 되었다. 노동운동 없는 노동조합원 증가였다.

한국노총은 노동운동을 억압했지만, 노동자의 급증과 세계 최장의 노동시간, 열악한 노동환경은 노동운동을 촉진시키지 않을 수 없었다. 한국은 주당 근로시간이 1970년에 52.3시간, 1980년에 53.1시간으로 싱가포르나 대만보다 3~4시간이 높았다. 극단적인 반공국가여서 노동운동은 종교인의 도움을 받지 않을 수 없었다. 개신교의 도시산업선교회(산선)와 천주교의 가톨릭노동청년회는 1960년대 말부터 산업 선교를 넘어서서 단결된 조직으로 권익 옹호를 하는 쪽으로 노동자들을 지원했다. 1970년대 중반부터는 평생을 노동운동에 바치려고 현장에 뛰어드는 학생들이 생겨났고, 적지 않은 학생들이 노동야학에 참여했다.

1970년대 중반부터 조합 내 민주주의를 실현하려는 민주노조가 생겨났다. 원풍모방노조, 동일방직 인천노조, 반도상사노조, YH무역노조, 콘트롤데이타노조, 청계피복노조 등이 대표적인데, 섬유산업 등 경공업이 대부분이고 여성노동자가 주축을 이루고 있다는 점이 특징이었다. 노동자들이 최소한의 인간적 삶을 쟁취하기 위해 유신권력·자본·노동자 상급조직과의 투쟁이 불가피했다. 1975년 전태일 정신을 이어받은 청계피복노조의 노동교실 사수투쟁과 함께 사회에 파문을 던진 것이, 1976년 이후 2년간에 걸친 동일방직 인천노조의 처절한 민주노조 사수투쟁이었다.

YH여성노동자들의 신민당사 농성 사건은 기업주의 비도덕성과 민주노조의 간난신고가 집약되어 있고, 유신독재 붕괴에 일역을 맡았다는 점에서 상징성이 크다. 유신권력은 1976년 7월 동일방직 노동자들의 투쟁을 계기로 산선 활동을 용공 활동으로 몰아갔고, 1979년 3, 4월에는 크리스찬아카데미에서의 노동자·농민 의식화교육을 사회주의사상 주입교육으로 몰아붙여 한명숙 등을 구속했는데, YH사건 이후에는 산선을 한층 더 험악하게 좌경단체로 비난했다. 여기에 상급노조인 섬유노조와 한국노총, 재벌언론과 방송사가 가세했다. 그리고 문동환·고은 등을 배후인물로 구속했다.

1978년에 출판된 조세희의 소설 『난장이가 쏘아올린 작은 공』은 장기 베스트셀러로 학생·노동자들한테 읽혔는데, 이 소설은 소외된 빈민들의 삶을 뛰어나게 형상화했다. 제정구 등은 1970년대 중반부터 빈민운동에 뛰어들었다.

4H클럽운동이나 모범농촌건설운동은 있었지만 농민이 주체가 된 농민운동은 한국전쟁 이후 1970년대까지 거의 없었다. 그 점은 4월혁명기에도 1970년대에도 비슷했다. 다만 1960년대에 학생들이 대규모로 농촌봉사활동에 나서거나 1960년대 후반부터 농민한테 배우자는 농활이 감시나 탄압을 받으면서 계속되었다. 1970년대에 들어서 농악이 대학에서 붐을 일으키면서 거꾸로 농촌에 파고든 일도 있었다.

농민운동은 함평 고구마 사건에서부터 시작되었다. 1976년 11월

농업협동조합이 고구마 수매 약속을 지키지 않아 전남 함평 군내 고구마가 썩어가자 농민들이 피해보상을 요구했고, 1977년 4월부터 천주교회에서 농협 규탄 기도회를 열었다. 그 뒤 수차례에 걸친 농민들의 요구가 계속 묵살되자 1978년 4월 광주 북동천주교회에서 단식이 시작되었다. 결국 단식 8일 만에 농협은 굴복하고 보상을 했다. 이 투쟁을 통해 가톨릭농민회(가농)가 부각되었다. 이후 가농은 1990년대까지 농민운동의 견인차이자 주력으로 투쟁을 이끌어 갔다.

1979년 5월에 천주교 안동교구 가농 간부인 오원춘이 납치를 당한 사건이 일어났다. 사건 두 달 후인 7월에 오원춘의 양심선언으로 이 사건이 알려지면서 정의구현사제단을 주축으로 한 천주교회와 유신정권은 한 치의 양보도 없는 정면대결 양상을 보였다. 이 사건으로 가농은 심한 탄압을 받았지만, 1980년대에 농민운동을 한 단계 발전시킬 수 있는 질적·양적 성장을 가져왔다.

5장

광주민중항쟁에서
6월민주항쟁으로

1. 12·12쿠데타와 5·17쿠데타

1979년 10·26사태 직후 김재규는 육군참모총장 정승화와 함께 중앙정보부로 가려고 했으나 정승화가 육군본부로 가자고 해서 그리로 갔다. 그곳에서 국무회의가 열렸고, 김재규는 10월 27일 0시 20분경 체포되었다. 10월 27일 새벽 4시 제주도를 제외한 전국에 비상계엄이 선포되었고,(계엄사령관 정승화) 국무총리 최규하가 대통령권한대행이 되었다. 계엄사 합동수사본부장이 된 전두환 보안사령관은 11월 6일 10·26사건에 대해 발표했다. 최규하는 11월 10일 유신헌법에 따라 새 대통령을 선출하고 새 대통령이 빠른 시일 내에 헌법을 개정한다는 '시국에 관한 담화'를 발표했다.

학생들과 민주인사들은 10·26사태에 대응하는 데 고심했다. 10월 9일 남조선민족해방전선준비위원회(남민전) 관련자 검거 발표도 작용해서 일부 운동권은 신중히 대응하자고 주장했다. 최규하의 담화가 나오자 '민주주의와 민족통일을 위한 국민연합'은 11월 12일 통일주체국민회의에서 대통령을 선출한다는 것은 결코 용납할 수 없다고 밝히고, 민주헌법을 3개월 이내에 제정하고 빠른 시일 내에 선거를 실시할 것을 요구했다. 다음 날 동아·조선투위 등에서도 공동성명을 발표했다. 11월 22일 서울대생들도 조기개헌, 조기총선을 요구하며 시위를 벌였다. 민주화운동세력은 한 걸음 더 나아가 11월 24일 서울YWCA 강당에서 4백여 명이 집회를 갖고 '통대 저지를 위한 국민선언'을 발표해 통일주체국민회의 대의원(통대)에 의한 체육관대통령 선출을 강력히 비판하고 기본권을 보장해 국민의 적극적 참여로 헌법을 확정할 것을 주장했다. 비록 결혼식을 한다고 하면서 모였지만 10·26 이후 계엄령하에서 재야가 처음 가진 집회였는데, 대회장에 들어온 계엄군이 참석자들을 험악하게 구타하며 함석헌·백기완 등 140여 명을 연행해 난폭한 고문과 능욕을 사정없이 가했다. 계엄사는 18명을 군사재판에 회부했는데, 전두환 등 신군부의 폭력성을 명료히 알게 해준 사건이었다.

예정대로 12월 6일 통대에서 최규하가 대통령에 선출되어 다음 날 국무회의에서 긴급조치 9호 해제를 의결했고, 10일 신현확이 총리로 임명되었다. 이틀 후 12·12쿠데타가 일어났다. 박정희는 군 요직 인사를 하는데, 예컨대 참모총장을 모측 계열을 썼으면 참모차장은 다른 계열의 인물을 써서 서로 충성심 경쟁과 견제를 하게 했다. 10·26 직후부터 "민주주의를 국민에게 되돌려주겠다"고 약속한 정승화 등 군 요직 지휘관들과 유신체제의 골격을 유지하고자 한 하나회를 중심으로 한 전두환 지지세력과의 경쟁이 시작되었다. 전두환 측은 치밀한 계획하에 12월 12일 하극상 쿠데타를 일으켜 정승화 계엄사령관을 '체포'하고, 특전사 사령관 정병주와 수도경비사 사령관 장태완도 '체포'했다. 12·12쿠데타로 전두환 등은 군을 장악해 권력의 실세로 떠올랐다.

12·12쿠데타가 발생했을 때 한국군의 작전권을 장악하고 있던 주한미군사령관은 노태우가 전방을 지키는 9사단 병력을 이끌고 서울에 들어오는 것을 막지 않고, 전두환·하나회 측과 정승화·이건영 3군사령관 측의 자제를 '요구'하면서 '중립'을 지켰다. 글라이스틴 주한미대사는 쿠데타를 비난했지만 그것은 말잔치에 불과했다. 카터 미대통령은 1979년 2월 이란에서 팔레비왕이 축출되고 호메이니가 권력을 장악하자 보수세력의 비난을 받았는데, 11월에 와서는 이란 학생들이 테헤란 미대사관을 점거해 대사관원 60명을 인질로 잡고 팔레비 인도를 주장하며 농성을 벌이는 바람에 궁지에 몰려 있었다.

12월 21일 최규하가 대통령에 취임한 이틀 후 긴급조치 관련자 561명이 특별사면되고, 1,330명이 석방되었다. 또한 제적학생 759명이 복학되고, 해직교수 19명이 복직되었다. 1980년 2월 윤보선·김대중 등 687명이 복권되어 정치 활동이 가능하게 되었다. 그런데 10·26에서 1980년 3월에 이르는 시기에 김영삼 신민당 총재는 정국을 관망만 했다. 그리고 4월 들어 정치 활동이 활발해지면서 1963년 민정이양 이후 숙명의 라이벌이었던 김영삼과 김대중은 두 사람이 힘을 합쳐도 신군부의 권력 장악을 막아내지 못할 것이라는 여론에도 불구하고 각자 대권 행보에 나섰다. 4월 7일 김대중은 신민당 입당을 거부했다. 윤보선의 중재로 두 김이 4월 12일 윤보선과 함께 3자회동을 했지만 대권을 향한 두 사람의 꿈을 막을 수는 없었다. 4월 28일 김영삼이 신민당 당직자와 함께 대권과 관련해 현충사를 참배하자 같은 날 김대중은 신민당 내 동교동 의원들을 데리고 현충사 부근 윤봉길 생가를 방문했다.

3월 개학이 되면서 학원은 활기를 띠었으나 학생들은 신중히 움직여 신군부에 빌미를 주어서는 안 된다고 생각했다. 먼저 6년 만에 부활된 학생회를 조직하고 어용교수 퇴진운동을 펴면서 학생운동 역량을 강화하는 데 치중했다. 4월에 성균관대 등에서 학생들의 군부대 입영 집체훈련을 반대하는 집회가 열렸고, 그것이 확산되면서 점차 대학가는 뜨거워졌다.

3월에 들어와 전두환 등 신군부는 권력 장악 계획을 구체화했다. 보안사 언론대책반을 중심으로 3월 중순 이전에 'K(king의 머리글자) 공작'을 입안해 언론의 논조가 안정구축세력이 정권을 잡아야 한다는 쪽으로 가도록 함과 동시에 언론계 사람들을 회유하고 포섭했다.

남대문에서 시청으로 향하는 시국성토 시위행렬

4월 14일 보안사령관으로 계엄사 합동수사본부장을 겸하고 있던 전두환이 중앙정보부장서리가 된 것은 누가 최고권력을 장악할 것인가를 예측케 하는 명확한 사태 변화였다. 서리라고 한 것은 현역 군인은 부장이 될 수 없었기 때문이다.

4월 하순에 발생한 사북사태는 부마항쟁의 경우와 비슷했다. 출구가 보이지 않는 꽉 막힌 억압 일변도의 사회에서 권력 또는 사회 부조리에 잔뜩 응어리진 불만이 언제 어디서 돌연히 화산처럼 폭발해 분출할지 모른다는 또 하나의 실례였다. 사북사태는 광주항쟁의 서곡이었다. 강원도 사북에 있는 동원탄좌 일부 노동자들이 어용노조의 임금인상안에 반대하면서 시작된 농성에 4월 21일 노동자들이 대거 가담해 경찰과 충돌했다. 다음 날 노동자 부인까지 합세해 3천 여 명으로 불어난 시위대는 사북지서와 사북역을 장악해 약 5만 명 이 사는 탄광도시의 공권력이 마비되는 상황에 이르렀다. 3, 4일간 의 치안공백상태에서 4월 24일 노동자들과 당국은 협상을 벌여 무 기고 등을 경찰에 넘기고 농성을 풀었다. 연행된 백수십 명의 노동 자와 부인들은 성고문 등 심한 고문을 당했고, 31명이 군사재판에 회부되었다.

5월 2일, 1만 명 이상의 서울대생들은 병영 집체훈련 거부 대신 '계엄해제', '유신잔당퇴진' 투쟁을 벌이기로 결의했다. 다음 날부 터 집회가 커지면서 대학 간 연대가 모색되었다. 5월 12일 군쿠데타 설과 북의 남침설, 미국방부가 발표한 의문의 '휴전선 총격전'으로 이날 대학가는 초긴장상태였는데, 다음 날 거짓임이 밝혀지면서 학 생들은 거리로 나왔다. 5월 13일 연세대생들의 가두시위를 선두로 시위가 있었고, 14일에는 전국 각지에서 6만여 학생이 가두투쟁을 벌였다. 5월 15일 서울역 앞에는 각 대학에서 쏟아져나온 10여만 의 학생과 수많은 시민이 참여한 서울역 집회가 있었고, 지방에서 도 26개 대학이 시위에 참여했다. 2원집정부제 반대 구호도 나왔다. 학생지도부는 서울역 집회에서 군부와의 충돌을 피하기 위해 '회 군'할 것을 지시했다. 5월 16일 전국총학생회장단은 군부의 동향이 심상치 않다고 파악하고 시위 중단을 결의했다. 15일 이날은 이상하 게도 수십 개 대학에서 서울역까지 먼 거리를 행군했는데, 계엄군이 거의 제지하지 않았다. 경찰도 방관하는 인상을 주었다. 그런데 이미 5월 14일 3공수여단이 동작동 국립묘지에 배치되는 등 군은 이동하고 있었다.

전두환 등 신군부는 5월에 들어와 '권력 접수' 시나리오대로 움직이고 있었다. 5월 초에 군 배치 계획을 세우고, 14일부터 군대를 이동시켰던 바, 15일에는 양평 주둔 20사단이 잠실체육관과 효창운동장으로 이동했다. 17일 오전 11시 국방부에 모인 44명의 지휘관은 계엄의 전국 확대, 비상기구의 설치, 국회해산 등을 결의했다. 공공연히 쿠데타를 일으키자고 결의한 것이다. 이날 밤 9시 30분에 열린 국무회의에서 신현확 총리가 의사봉을 두드리자 주영복 국방장관이 비상계엄이 전국으로 확대되었다고 발표했다. 입을 다물고 있던 각료들은 서명을 요구받았다. 모든 것이 10분 만에 끝났다. 계단과 복도에는 군인들이 줄지어 있었다. 지역계엄은 국방장관의 지휘감독을 받아야 하는데, 전국계엄은 계엄사령관이 바로 대통령과 연결되어 있어 허수아비 대통령을 끼고 군이 하고 싶은 대로 할 수 있었다.

쿠데타는 미국과 일본의 지원을 받았다. 군지휘관들의 공공연한 쿠데타 결의나 20사단 이동 등은 미국과 무관하게 진행될 수 있는 사항이 아니었다. 미국은 친미군부정권이 미국의 이해관계에 합치된 입장을 견지할 것으로 판단했고, 비록 박정희는 바꾸어야 할 필요가 있다고 하더라도 한국인한테 민주주의나 인권은 그다지 소중하다고 생각지 않았다. 세계에서 유일하게 유신정권을 적극 지지한 일본은 12·12 이후부터 5·17쿠데타 이전까지 최소한 6차례에 걸쳐 출처가 의심스러운 북의 남침설 정보를 주었는데, 그중에서 마지막 것은 전두환이 무척 유용하게 써먹었다. 일본과 미국은 광주학살에서도 또 그 이후에도 전두환 신군부정권을 지원했다.

2. 광주민중항쟁

광주는 1980년 5월 17일까지 서울과 비슷한 점도 있었지만 한층 더 뜨거웠다. 5월 14일 전남대생 6천여 명이 시국대회를 열고 시위에 나서서 도청 앞에서 '민주화성회'를 가졌다. 경찰은 사실상 시위 저지를 포기한 채 행렬을 따라갔다. 15일 전남대·조선대·광주교대·전문대 학생들 약 1만 5천 명이 도청 광장에서 민주화성회를 열었다. 마치 광주 시내 대학생총회 같았다. 5·16군부쿠데타 19년이 되는 16일 오후 4시 광주 시내 9개 대학 3만여 명이 시국성토대회를 열었는데, 5·16화형식도 있었다. 오후 8시 학생들은 2개조로 나뉘어 횃불시위를 벌였다. 시내 중심가는 횃불로 뒤덮인 것 같았다. 10시쯤 학생들은 해산했다. 3일 동안 질서정연한 시위를 가진 뒤 헤어지면서 학생들은 '특별한 일'이 발생하면 다음 날 아침 전남대 교문 앞에서 모이기로 약속했다.

계엄사는 5월 17일 24시를 기해 비상계엄을 전국으로 확대하면서 광주 지방에서 우상과 같은 존재였던 김대중 및 김대중과 가까운 문익환 등을 소요조종 혐의로 연행했다. 김종필은 권력형 부정축재자로 체포하고, 김영삼은 집에 연금했다. 이와 함께 18일 새벽 공수특전단 7여단 33, 35대대가 전남대·조선대·광주교대에 진입해 철야농성을 벌이고 있던 학생들을 체포했다. 이들의 작전명령은 '충정작전', 암호명은 '화려한 휴가'였다. 이미 정웅 31사단장은 5월 14일 저녁 일부 병력을 여러 방송국에 배치하고, 15일 7공수여단 2개 대대가 숙영할 막사를 전남대와 조선대에 설치했다.

5월 18일 아침 전남대 정문 앞에 약속대로 학생들이 나왔다. 시위대가 200~300명이 되자 "계엄해제", "전두환 물러가라" 등의 구호가 나왔다. 얼마 후 공수부대원 7~8명이 학생들을 곤봉으로 때려 쓰러뜨렸다. 골목으로 흩어지며 돌을 던지는 학생들을 공수부대원은 쇠심이 박힌 살상용 곤봉으로 두들겨 피투성이인 채로 질질 끌고 갔다. 학생들은 금남로로 진출해 연좌농성을 벌였다. 오후 1시 20여 대의 트럭에서 공수부대원이 내렸다. 등에 총을 메고, 한 손에는 대검, 한 손에는 곤봉을 들고 시위대뿐만 아니라 남녀노소를 가리지 않고 마구 구타했다. 길 가던 여학생도 잡아와 상의와 브래지어를 찢으며 차마 들을 수 없는 상소리를 했고, 노인들도 곤봉으로 내리쳤다. 모두가 분노했다. 연행은 밤새 계속되었다. 이렇게 5월항쟁은 시작되었다.

많은 광주 시민들이 전날의 만행에 분노했다. 19일 10시쯤 금남로에 모인 인파는 3, 4천 명을 헤아렸다. 공수부대원은 시위대 해산에서 더 나아가 집집마다 들어가 젊은이들을 남녀 불문하고 구타하면서 끌고 나와 양손을 뒤로 묶고 발가벗겨 포복을 하게 했다. 그들은 이 세상 사람 같지 않았다. 시위대에 점점 여러 계층의 시민들이 참여했다. 이들은 평범한 일반 대중에서 '성난 민중', '적극적 민중'으로 변하고 있었다. 이날 서울에서 광주에 온 11공수여단이 7공수여단과 함께 잔혹한 진압작전을 폈는데, 장소에 따라 소수인 공수부대원들이 도망치는 일도 벌어졌다. 공용버스터미널 앞에서 시위대가 난자당해 7, 8명이 살해당하고, 부상자를 병원으로 이송하던 택시 운전사도 곳곳에서 난타당했다. 오후 4시 30분경 시위대가 장갑차를 불 지르려 하자 무차별 사격을 해 한 고교생이 쓰러졌다. 최초의 발포였다.

20일 오후 3시쯤 금남로 인파는 수만 명이 되었다. 5시 50분쯤 5천여 군중이 도청을 향해 돌격전을 벌였다. 7시경 갑자기 대형 차량 10여 대를 앞세우고 택시 2백여 대가 헤드라이트를 켜고 시위대열에 나타났다. 차량을 앞세우고, 쇠파이프와 화염병 등으로 무장한 시위군중과 최루탄 등을 쏘아대는 경찰·군인들 간에 도청을 사이에 두고 치열한 접전이 벌어졌다. 금남로 군중은 20만 명으로 불어났다. 밤 9시경 시청 건물이 시위대에 의해 장악되고, 10시경 광주경찰서와 서부경찰서가 시위대에 점거되고, MBC가 불타기 시작했다. 광주역과 도청 사이의 심야 공방전은 더욱 강도를 더해갔다. 도저히

믿기 어려운 이런 무서운 힘이 어디서 나오는 것일까. 세계 역사상
유례가 드물게 시민들이 특수훈련을 받은 정예 진압군대와 일진일
퇴의 공방전을 벌이고 있었다. 계엄군이 총을 난사해 여러 곳에서
사상자가 발생했다. 새벽 2시쯤 3개 공수여단이 장악한 도청·광주역
·전남대·조선대·광주교도소를 제외한 전 지역이 군·경 통제에서 벗
어나 있었다. 20일 오후 신현확 내각이 광주사태에 책임을 지고 총
사퇴했다. 그때까지 사실보도는 엄격히 통제되었다.

　20일 밤 신군부가 투입한 20사단 병력이 21일 10시경부터 작전을
개시했다. 그 무렵 금남로 일대는 5만여 명의 시민으로 꽉 차 있었

다. 시위대 협상대표가 도지사는 유혈 사태에 공개사과할 것, 계엄군은 21일 정오까지 철수할 것 등을 요구했다. 12시가 지날 무렵 시위대가 도청 쪽으로 밀고 들어갔고, 1시 정각에 일제 사격이 시작되었다. 50여 명이 순식간에 죽었다. 병원마다 부상자로 초만원이었다. 시위대는 광주 부근 무기고에서 무기를 탈취해 시내로 들어왔다. 4시를 전후해 공수부대가 철수하기 시작했고, 8시경 시위대가 도청을 '접수'했다.

22일 시민들은 금남로 일대를 청소하고 정리했다. 시민궐기대회가 열렸고, 그와 함께 조비오·홍남순·송기숙 등으로 구성된 5·18수습위원회가 계엄분소에 찾아가 사태 수습 전에 군을 투입하지 말고 연행자를 전원 석방할 것, 과잉진압을 인정할 것 등을 요구했다. 계엄분소는 대답하는 데 한계가 있었다. 시민대표가 돌아와 무기 반납을 요구한다고 보고하자 시민들이 야유했다. 학생수습위원회도 구성되었다. 이날 계엄사는 광주 시민을 일부러 도발하려는 듯 '김대중 내란음모 사건' 수사 결과를 발표한다면서 광주사태는 김대중이 배후에서 조종해 일어났다고 주장했다. 같은 날 신임 박충훈 총리서리가 광주에 들렀으나 시민수습위원들은 만나지도 않고 서울로 돌아가버렸다. 이미 전날부터 항쟁은 목포·나주 등 전남 일대로 확산되고 있었다. 언론은 계속 폭력난동으로 몰아붙였다. 희생자는 점점 늘어났다. 광주교도소 부근에서 희생자가 많이 났고, 주남 마을에서 무차별 총격으로 버스 승객 15명이 즉사했다. 23일에도 10만여 시민이 도청 앞에 모였다. 수습대책위원회는 계속 무기를 회수해 시민군이 소지하고 있던 무기의 절반 정도인 2,500정을 회수했다. 김재규 등이 사형집행당한 24일 오후 3시에 열린 궐기대회는 전날보다 열기가 떨어졌다. 철저 투쟁을 주장한 학생들은 25일 김종배를 위원장으로 한 새로운 항쟁지도부를 구성했다. 25일 오후 6시 최규하 대통령은 국방장관 등을 대동하고 광주에 왔으나 전남북계엄분소장으로부터 보고를 들은 뒤, 상대방 쪽은 면담도 하지 않고 형식적인 담화문을 밤 9시 KBS 방송으로 내보냈을 뿐이다.

26일 새벽 5시 30분경 20사단이 탱크를 앞세우고 여러 방면에서 진군해왔다. 10시부터 오후 2시 30분까지 협상이 있었으나 성사되지 못했다. 오전 10시경 열렸던 민주수호범시민궐기대회가 오후 3시부터 다시 열렸다. 27일 새벽 3시 30분부터 도청 부근에서 총격이 있었고, 군대는 4시쯤 도청을 포위했다. 계엄군 총병력은 6,168명이었다. 최후까지 현장에 남아 있던 결사대는 중학생 3명, 고교생 26명, 대학생 23명을 포함해 157명이었다. 1시간 반 만에 전투는 끝났고, 14명이 사망했다.(김영택, 「5·18광주민중항쟁연구」, 국민대박사논문, 2004) 2001년 12월 정부 발표에 따르면 민간인 168명, 군인 23명, 경찰 4명 등 195명이 희생되고, 4,782명이 부상을 당했다. 행방불명자로 406명이 신청되었는데 정부는 70명만 인정했다. 아직도 발굴되지 못한 암매장 추정 지역이 여러 곳 있다.

광주민중항쟁으로의 길은 5월 18일에 다 놓여졌다. 학생들은 약속대로 전남대 교문 앞에서 시위했고, 금남로까지 진출해서 항쟁의 길을 열었다. 전두환·신군부는 5·17쿠데타에 대한 저항투쟁 지역으로 서울과 광주를 꼽고 특수훈련을 받은 공수부대를 배치했다. 18일 광주에서 시위가 벌어지자 초기에 완전 제압하려는 계획에 따라 시위대와 일반인들을 야수와 같이 살상용 곤봉과 대검 등으로 구타하고 찔렀으며, 발가벗기고 기합을 주는 등 갖가지 모욕을 주었다. 그러나 바로 이런 극단적인 만행이 광주 시민의 폭발적인 항쟁을 불러왔다. 그리하여 학생운동은 다음 날 성난 민중항쟁으로 변모했다. 18, 19일의 믿어지지 않는 갖가지 만행에 대한 생생한 증언이 여러 증언집, 단행본, 논문에 실렸고, 카메라 등으로 촬영되었다. 20일 공수부대원의 비인간적인 만행을 목도하고 당했던 택시 기사들이 수백 대의 차량을 앞세워 산이라도 무너뜨릴 듯 위력적으로 투쟁을 전개해 도처에서 그 무서운 공수부대를 몰아붙이는 놀라운 역현상이 일어났다. 21일 군경이 철수하여 사상 초유의 대도시 '해방구' 사태가 출현했다. 남은 것은 광주의 진실을 알리는 일과 수습하는 일이었다. 윤상원 등은 「투사회보」를 발행해 진상을 알리면서 도청 사수에 이르기까지 적극투쟁을 역설했고, 온건투쟁을 제시한 수습위원·학생도 있었다.

　광주민중항쟁에는 학생·운전기사·점원·소영업자·회사원·노동자·막노동자·가정주부·술집과 음식점 종업원·행상·구두닦이·부랑아 등 여러 계층이 노도 같은 물결이 되어 참여했다. 또 열흘간 계속된 거대한 항쟁이었는데도 지도부나 지휘자가 없었다는 점이 특색이다. 뒤에 수습대책위원회가 생기지만 지도부라고 보기는 어렵다. 민중항쟁은 영남에 비해 경제적으로나 여러 가지 면에서 차별이 심했던 것이 원인이지만, 그것이 독재와 김대중에 대한 탄압과 맞물려 있었다는 점이 각별히 중요하다. 박정희 유신체제는 영남을 기반으로 독재권력을 구축했다. 그것은 김대중 배제와 직결되어 있었고, 김대중 배제는 바로 호남 배제를 의미했다. 10·26은 바로 그런 체제를 붕괴시켜 민주화의 길을 열고, 김대중·호남 배제를 종식시킬 수 있을 것으로 생각했다. 그런데 '유신잔당' 전두환 등이 김대중을 터무니없는 죄목으로 구속하고, 공수부대를 보내 초기에 광주시위를 완전 제압해 다시 영남 중심의 군부독재를 실현시키겠다는 것은 광주의 염원을 완전히 말살하는 행동이었다. 광주를 그토록 엄청난 기세로 일어서게 만든 것은 전두환 등 신군부가 불법적인 권력 탈취를 위해 김대중을 구속하고 동시에 공수부대를 보내 차마 눈뜨고 볼 수 없는 만행을 저지르게 했기 때문이다.

1980년대는 민주화운동이 가장 강력하게 활기를 띠고 전개되었는데, 80년대 민주화운동을 추동한 힘의 원천이 바로 광주민중항쟁이었다. 5월이 되면 대학가는 그날을 상기하며 투쟁의 대오를 세웠다. 반미자주화운동이 80년대에 민주화운동의 일환으로 거세게 전개된 것도 광주민중항쟁에 원천을 두고 있다.

3. 전두환 신군부정권

신군부는 '권력 접수' 시나리오대로 5·17쿠데타에 이어 국가비상
기구로 국가보위비상대책위원회(국보위) 설치안을 5월 26일 최규하
에게 재가해줄 것을 요구했다. 그것이 27일 국무회의를 통과하자 31
일 전두환을 상임위원회 위원장으로 한 국보위가 발족했다. 국보위
는 일종의 군사혁명위원회였다.

국보위가 발족한 31일에 계엄사는 5월 22일 발표한 바와 같이 광
주사태는 김대중이 배후조종해 발생했다고 주장하고, 7월 4일 김대
중과 문익환 등 36명이 유혈혁명 사태를 유발해 현 정부를 타도하려
고 했다면서 내란음모·국가보안법·반공법 등의 위반 혐의로 군법회
의에 이송했다. 김대중은 9월 계엄보통군법회의, 11월 육군본부고
등군법회의에서 사형을 선고받았고, 대법원은 1981년 1월 원심을 확
정했다. 10월에 계엄보통군법회의에 회부된 광주사태 관련자 175명
중 5명은 사형을, 7명은 무기징역을 선고했으나 1982년까지 다 석방
했다.

국보위는 무단적 조치를 거침없이 자행했다. 우선 언론·출판 숙정
에 나섰다. 6월 9일 당국의 광주사태 보도 강요에 이의를 제기했거
나 진실을 알리기 위해 노력한 언론인 이경일 등 9명이 악성 유언비
어 유포 혐의로 구속되었다. 7월 31일에는 『창작과비평』 등의 잡지
를 포함해 정기간행물 172종을 폐간시켰다. 이어서 국보위 지시하

에 언론대책반은 298명의 언론인을 언론사에서 추방했다. 보안사는 언론사주로부터 TBC-TV, DBS 방송 등을 빼앗고, 언론사를 대규모로 통폐합했다.

이와 함께 신군부 권력 안보조치가 혁신의 이미지를 주기 위한 조치와 뒤섞여 진행됨으로써 일반인들은 신군부 권력의 성격을 판단하는 데 혼란에 빠지기도 했다. 6월 18일 계엄사는 김종필, 이후락 등 권력형 부정축재자 9명의 명단을 발표하며, 부정축재액은 853억여 원이라고 발표했다. 국보위는 7월 9일부터 잇달아 공직자를 숙청했다. 국보위는 7월 30일 대학입시 본고사 폐지, 졸업정원제 실시, 과외 금지 등의 조치를 발표했는데, 졸업정원제는 학생시위 통제와 밀접한 관련이 있었다. 전두환·신군부는 사회악을 일소한다고 하면서 악명 높은 인권 유린 사태를 저질렀다. 국보위는 '불량배' 등을 6만여 명 연행했는데, 이 중 노동·농민운동가 등이 포함된 4만여 명을 군대에 보내 '삼청교육'을 받게 했다. 이는 기합, 고문 등으로 육체적 고통을 극대화하는 '순화교육'이었다. 삼청교육대원 중 후유증 피해자가 3천 명 내외였고, 후유증 사망자는 339명이었다.(강준만, 『한국현대사산책―1980년대편 1』, 2004) 10월 27일에는 계엄군이 전국 사찰에 난입해 승려 150여 명을 연행했다.(10·27법난)

8월에 들어와 전두환·신군부는 형식적인 너울을 벗었다. 8월 16일 최규하가 대통령을 사임하고 27일에 전두환이 통대에서 99.9% 지지를 얻어 박정희, 최규하에 이어 세 번째로 체육관대통령이 되었다.

유신헌법에 준해서 만든 새 헌법은 10월 22일 국민투표로 확정했다. 대통령은 5천 명이 넘는 선거인단에 의해서 뽑게 되어 있었고, 비상조치권·국회해산권이 있었는데, 7년 단임이 눈길을 끌었다. 국회의원은 유신권력처럼 한 선거구에서 두 명씩 3분의 2를 뽑고 3분의 1은 전국구로 뽑는데, 그중 제1당이 3분의 2를 차지하게 만들었다. 5·16군사정권 비슷하게 11월에 정치풍토쇄신위원회를 발족시켜 국회의원 등 811명을 정치 활동 피규제자로 묶었다. 10월 27일에는 악법 제조기구로서 국가보위입법회의(입법회의, 의장 이호)를 만들었다. 입법회의는 누범자를 장기간 감옥에 가두어두게 한 사회보호법, 언론 통제를 용이하게 한 언론기본법, 노동 통제를 훨씬 강화한 노동관계법을 제정하거나 개정했다.

선거인단에 의해 대통령이 되기 전에 전두환은 미국의 지지를 받고 있다는 것을 과시할 필요가 있었다. 그리하여 김대중이 1981년 1월 대법원 판결이 있고 나서 그날로 무기로 감형되었고, 그 다음 날에는 비상계엄령이 해제되었다. 전두환은 28일 미국에 가 레이건 미대통령을 만나고 나서, 2월 11일 5,278명의 선거인단 선거를 거친 뒤 새로 대통령에 취임했다. 일본도 전두환 정권을 지원했다. 나카소네 일본수상은 1983년 1월에 방한해서 40억 달러에 달하는 개발원조 공여합의서에 서명했다.

1981년 3월 25일에는 국회의원 선거를 했다. 5·16군사정권은 여당만 밀실에서 만들어냈는데, 신군부는 그렇지 않았다. 이미 보안사 등 특수기관에서 작업을 해서 여당으로 민주정의당(민정당)을 조직하고, 제1야당으로 민주한국당(민한당)을, 제2야당으로 한국국민당(국민당)을 만들게 했다. 또한 진보세력의 출현이 필연적이라고 보고 그것에 대비해 민주사회당(민사당)도 만들도록 했다. 그래서 민정당은 1중대, 민한당은 2중대, 국민당은 3중대로 불렸다. 각 당의 공천도 경우에 따라서는 모처에서 조정해주었다. 선거 결과는 민정당 90석, 민한당 57석, 국민당 18석, 민사당 2석 등이었다. 민정당은 전국구 61석을 합쳐 151석이 되었다.

신군부가 시대적 요구나 변화를 수용한 경우도 있다. 아주 늦었지만, 1980년 12월부터 컬러 TV를 방영했고, 1982년 1월에는 1945년 9월 미군이 상륙하면서 선포한 통행금지를 해제했다. 같은 달 중·고등학생 두발과 교복도 자유화되었다.

전두환·신군부 정권에 대한 도전은 일찍부터 일어났다. 1980년 9월 새 학기가 시작되면서 광주학살 진상과 군부독재 반대 유인물이 서울의 여러 대학에서 나돌았다. 학내 시위도 있었지만 규모가 크지는 않았다. 1980년 12월 서울대 시위에서 배포된 '반제반파쇼투쟁선언'은 1980년대의 두드러진 특징인 투쟁이념·노선논쟁을 불러일으켰다. '선언'은 파쇼지배체제 축출의 주도체는 학생이지만 시위 만능의 투쟁관은 타기되어야 한다고 주장했다.(무림霧林 사건) 이에 대한 비판 그룹은 '선언'의 주장이 준비론에 입각한 것이라고 지적하고 학생의 선도적 투쟁을 강조하면서, 노동운동이 운동의 지도부가 되어야 한다고 주장했다. 이들은 1981년 6월에 체포되었다.(학림學林 사건) 전두환 정권은 학생운동 대책으로 1981~83년에 걸쳐 학생 447명을 강제징집했고, 1983년부터 다음 해에 걸쳐 강제징집자들에 대한 역(逆)의식화 작업으로 보안사에서 '녹화사업'을 벌였으며, 또 학원 내 프락치로 활용하고자 했다. 녹화사업 등으로 군부대에서 의문의 죽음이 잇달아 발생했다.(군의문사 사건)

1982년 3월 18일에 발생한 부산 미문화원 방화 사건은 대학과 사회에 큰 충격을 주고 반미자주화투쟁의 기폭제가 되었다. 부산 미문화원을 방화하면서 뿌려진 전단은 미국의 광주학살 지원 책임을 묻고 미국세력의 완전한 배제를 위한 반미투쟁을 끊임없이 전개할 것을 촉구했다. 전두환 정권은 1980년 12월에 있었던 광주 미문화원 방화 사건은 은폐했는데, 부산 미문화원 방화 사건의 주동자인 고려신학대생 문부식, 김은숙 등과 천주교 원주교구를 연결시켜 원주교구·정의구현사제단에 대한 대대적인 공격 재료로 활용했다. 1982년 4월 22일 강원대생들은 반미시위를 벌이며 성조기를 불태웠고, 1983년 9월에는 부산 미문화원 폭발 사건이 발생했다.

1982년 단군 이래 최대의 금융 사건이라는 이철희·장영자 사건, 1983년의 명성그룹 사건 등으로 얼룩진 이미지를 바꾸고, 1983년 11월 레이건 미대통령의 방한도 작용해 전두환 정권이 12월에 학원 상주 경찰을 철수시키고, 제적학생 1,363명을 복교시키는 등 유화정책을 쓰면서 학생운동이 활기를 가졌다. 대학별로 학원민주화(자율화)

추진위원회를 구성하고, 1984년 5월에는 공장 지대인 서울 가리봉 오거리 시위를 통해 노동대중에 대한 정치선전을 시도했다. 1984년 하반기에 학도호국단 대신 학생들 스스로 학생회를 조직해 총학생회 사수투쟁 등을 전개했고, 10월에는 광화문 등에서 시위를 벌였으며, 그런 활동을 기반으로 11월에 42개 대학생들이 반독재민주화투쟁전국학생연합을 조직했다. 대학가에서 투쟁이념·노선논쟁은 1982년 투쟁지양론을 편 「야학비판」과 선도적 정치투쟁론을 편 「학생운동의 전망」 논쟁을 거쳐, 1984년 8월 「깃발」 논쟁으로 비화했다. 목적의식적 변혁운동을 중시한 「깃발」 그룹은 운동권에 선도적 정치투쟁과 민중투쟁과의 연대의 중요성을 부각시켰다.

1983, 84년경부터는 학생운동과 함께 청년운동, 사회 각 부문운동, 여러 분야의 문화·예술·학술운동이 민주화운동의 일환으로 활기차게 전개돼 민주화운동이 하나의 거대한 오케스트라 같았다. 1983년 9월 민주화운동청년연합(민청련)이 탄생한 것은 학생운동 출신자들이 학원을 떠나서도 계속 민주화운동에 전력투구할 수 있음을 보여주었다는 점에서 의의가 있다. 민청련은 「민주화의 길」을 기관지로 내 민주화운동의 좌표를 제시했다. 1984년에는 민주화운동, 각 부문 사회운동, 통일운동 등의 결집체로 민중민주운동협의회(6월), 민주통일국민회의(10월)가 발족했고, 1985년 3월에는 두 단체가 범민주세력 통합대회를 열어 민주통일민중운동연합(민통련)을 결성해 민주화운동의 구심체를 탄생시켰다.(의장 문익환)

4. 2·12총선돌풍

전두환·신군부 정권이 두 번째 치른 1985년 2월 12일의 총선은 신군부의 장기집권 의지에 심대한 타격을 가했다. 선거돌풍이 불어 신군부가 1981년 3월 총선을 앞두고 짜놓은 정당 구도가 송두리째 무너졌기 때문이다. 이런 돌풍은 속이 빤히 들여다보이는 신군부의 정치판 놀음에 대한 불만이 신군부가 묶어놓은 정치 활동 피규제자 중에서도 가장 상징적인 인물이었던 김영삼·김대중에 대한 폭발적 인기와 결합되어 표출되었다.

기회주의적이지 않은 선명한 야당에 대한 기대에 먼저 불을 지른 것은 김영삼이었다. 3년 동안 연금상태에 있던 그가 5·18 3주년이 되는 1983년 5월 18일 무기한 단식투쟁에 돌입했다. 단식이 길어지자 계속 은폐하기가 어렵게 되었고, 1982년 12월 형집행정지로 풀려나 미국에 간 김대중이 김영삼의 단식을 국민에게 알리라는 성명까지 냈다. 김영삼은 5월 30일 연금이 해제되었다. 8월 15일 김대중·김영삼 명의로 '민주화투쟁은 민족의 독립과 해방을 위한 투쟁'이라는 제하의 공동성명이 나왔다. 광주항쟁 4주년이 되는 1984년 5월 18일 민주화추진협의회(민추협) 발기인 모임이 있었고, 그해 12월 두 사람은 선거투쟁선언을 발표해 선거투쟁으로 자생정당을 창당할 것을 다짐했다. 이미 11월 30일에 양 김 등 15명을 제외한 정치인들이 정치 활동 피규제자에서 풀려 있었다. 1985년 1월 양 김을 사실상의 최고지도자로 하는 신한민주당(신민당) 창당대회가 열렸다.

김대중·김영삼과 신민당이 2·12돌풍의 주역이라면 학생들은 조역의 역할을 톡톡히 해냈다. 고려대·연세대·성균관대 학생 264명이 1984년 11월에 총학생회 인정, 노동악법 철폐 등을 요구하면서 민정당 점거농성을 벌일 때도 대학가에서는 총선거부론이 우세했으나, 선거운동이 시작되자 유세장마다 학생들이 몰려들어 민정당·민한당 후보한테 야유를 보내 바람을 일으켰다. 학생들의 열띤 연호는 이들한테는 폭음처럼 고막을 진동시켰다. 도처에서 선거바람이 불어 서울 종로구 유세장에는 10만 명이나 모였다. 2월 8일 김대중이 귀국했을 때는 정치인들이 사진 한 장이라도 같이 찍으려고 멀리 지방에서까지 몰려왔다. 선거 결과 민한당 후보가 추풍낙엽처럼 떨어졌다. 신민당은 50석을 확보해(전국구 17석 포함 67석) 제1야당이 되었다. 민정당은 1선거구 2인 선출 방식 때문에 지역구에서 87석을 차지했으나 참패나 다름없었다. 민한당은 침몰해 신민당에 흡수되었다.

2·12총선 이후 대학가는 투쟁조직을 정비해 4월에 전국학생총연합(전학련)과 상설투쟁기구로 민족통일·민주쟁취·민중해방투쟁위원회 곧 삼민투를 두고 학생운동을 총괄했다. 4월 19일 전학련이 7천여 명의 학생들과 함께 4·19기념탑 앞에서 독자적으로 4·19기념식을 갖고 가두투쟁을 벌여 전열을 가다듬은 다음, 5월부터 삼민투가 중심이 되어 광주학살 원흉 처단을 요구하는 투쟁에 들어가 5월 17일

서울 미문화원 밖에 있는 취재진들과 필담을 나누고 있는 농성 학생들

에 전국 80개 대학 4만여 명이 학살정권 규탄투쟁을 벌였다. 5월 23
일 삼민투 산하 학생들 73명의 미문화원 점거농성은 서울 시내 번화
가 한복판에서 4일간에 걸쳐 일어났기 때문에 목격자가 많았고 대형
뉴스로 전달되어 국내외에 미국과 광주, 전두환 정권의 관계를 알리
는 데 큰 효과가 있었다. 미문화원 점거투쟁은 학생운동의 사기를 고
양시켰다. 정부는 학원안정법을 제정해 대응하고자 했고, 134명의 총
학장들도 지지했지만, 거센 반대에 직면해 전 정권은 8월에 포기하고
말았다.

새로운 변화는 남북관계에도 일어났다. 1985년 9월 20~23일 3박

4일 동안 남과 북에서 각각 고향방문단 50명, 예술공연단 50명 등 151명으로 구성된 방문단이 분단 정부가 들어선 이후 처음으로 서울과 평양을 동시에 방문해 친척들을 만나고 공연을 가졌다. 남과 북의 정부는 1980년대에 들어와 상대방에 대해 거창한 제안을 하곤 했다. 1980년 10월 김일성 주석은 상대방의 사상과 제도를 인정하면서 통일 정부를 갖자는 고려민주연방공화국 창설안을 제의했다. 1982년 1월에는 전두환 대통령이 민족통일협의회의에서 통일헌법을 기초하는 민족화합민주통일방안을 제안했다. 그리고 1983년 1월에는 한국정부에서 남북한당국최고책임자회담을, 북의 정부에서 남북제정당·사회단체연석회의 소집을 주장했다. 남과 북 정부의 제안은 정권안보나 명분쌓기용 외교라고 볼 수 있다. 중국의 변화 등 세계적인 해빙 추세와도 무관한 것은 아니었지만, 남북관계가 변하지 않으면 안 된다는 추세를 반영한 것이었다. 1983년 6월 30일부터 11월 14일까지 KBS 1TV에서 '이산가족을 찾습니다'라는 프로로 138일간 453시간을 방송한 것은 분단이 얼마나 큰 고통을 가져다주었는지를 생생히 보여주었다. 이 방송에 5만여 명이 출연해 10,189명이 상봉했던 바, 화면은 온통 눈물바다였다. 남북관계는 1983년 10월 전 대통령의 미얀마 방문에 맞춘 북 공작원의 아웅산 폭발 사건으로 경직되었지만, 1984년 9월 남한 수재에 대한 북의 지원 제의를 받아들여 1985년 9월의 감격적인 남북이산가족상봉이 성사되었다. 그렇지만 그 뒤에도 금강산댐 건설 소동(1986년 10월) 김일성 사망설(1986년 11월) 등과 같은 반공·반북 공세가 계속되었다.

1985년 11, 12월부터는 민추협·민통련, 그리고 2학기에 들어와 민정당중앙정치연수원·미상공회의소 등에서 잇달아 점거농성투쟁을 벌이던 학생들이 개헌 추진 쪽으로 투쟁 방향을 잡았다. 1986년 2월 12일 신민당은 1천만인 개헌서명운동을 벌일 것을 선언했다. 직선제개헌투쟁의 막이 오른 것이다. 개헌서명운동은 각지에서 뜨거운 호응을 받았다. 3월부터 4월 초에 걸쳐 부산·광주·대구 등지에서 가진 개헌추진 지부결성대회에 각각 4만여, 10만여, 2만여 명이 운집했다. 이 시기에 신민당과 학생운동권, 재야운동권이 반독재민주연합의 취지 아래 직선제개헌운동에 보조를 같이했는데, 5월 3일 인천에서 열린 개헌추진 경기·인천지부결성대회에서 갈라서게 되었다. 이 대회에서 여러 재야단체와 학생운동권이 제각기 자신의 정치선전에 치중하자(5·3사태) 신민당이 장외투쟁을 포기하고 움츠러들었기 때문이다. 한편, 4월에 반미자주화반파쇼민주화투쟁위원회(자민투)가 결성되고, 곧 이어 반제반파쇼민족민주투쟁위원회(민민투)가 조직됨으로써 전국 대학가 운동권은 자민투와 민민투의 양대 산맥으로 나뉘었다.

1980년대 후반에 들어오면서 전두환 정권에 대한 불만이 한층 높아갔다. 불만은 전두환 정권의 언론 통제와 관제언론의 정권 업적 과대홍보에 대해서도 터져나왔다. 해직기자들로 구성된 민주언론협의회 기관지 『말』 1986년 9월호에 문공부가 일일이 각 언론사에 시

1986년 5월 3일 인천 시위 당시 경찰 차량을 점거한 채 태극기를 들어 보이는 시위대 모습

달한 '보도지침' 584항목이 폭로되었다. 1986년 1월에는 1982년경
부터 있었던 KBS시청료거부운동이 본격화되어 KBS-TV시청료거
부기독교범국민운동본부가 발족했다. 9월 말경까지 계속된 거부운
동은 직선제개헌투쟁과 맞물려 시민들의 적극적인 참여를 이끌어냈
다. 한편 1986년 9~10월에 열린 서울 아시안게임에서 한국은 93개
의 금메달을 획득해, 금메달 94개로 1위를 한 중국에 이어 2위의 성
적을 거두었다. 전두환 정권의 스포츠 장려정책이 개가를 올린 것이
었다.

전두환 정권은 1986년 10월부터 체제 수호를 위해 초강경 일변도

로 나왔다. 10월 국회에서 신민당의 유성환 의원이 반공보다 통일 또는 민족이 상위라고 주장했다가, 경호권 발동 아래 유성환 의원 체포동의안이 통과되어 유 의원은 국회 회기 중 원내 발언으로 첫 번째로 구속되는 기록을 갖게 되었다. 10월 28일 건국대에서 20여 대학 학생 2천여 명이 모여 '전국반외세·반독재애국학생투쟁연합' 을 결성할 때 경찰의 진입으로 학생들이 건물 안으로 들어가 농성 하자 당국은 단수·단전 조치로 위협했다. 그리고 나흘째 되던 10월 31일에 경찰 8천여 명이 투입되어 헬기에서 최루탄 등을 쏘고 쇠파 이프 등으로 두들겨 패며 '입체 진압작전'을 폈다. 학생 등 1,525명 을 연행했던 바, 그중 1,290명 구속에 397명 기소라는 놀라운 기록 을 세웠다. 비슷한 시기에 발생한 금강산댐 소동이나 김일성 사망설 도 정권 수호의 과잉반응이 빚은 어처구니없는 희극이었다.

5. 노·학연대와 노동·농민운동

전두환·신군부는 산업노동자의 대량 증가 추세에 맞춰 민주노동 운동이 더욱 거세질 것을 예상하고, 이에 대한 대비책을 강구했다. 국가보위입법회의는 1980년 12월 31일 노동조합·노동쟁의에 노동 운동가 개입을 금지한 제3자 개입 금지 조항을 신설하고, 산업별·지 역별 연대를 차단하기 위해 기업별 노동조합만 인정하며, 노동조합

설립요건을 강화하고, 쟁의행위를 제한하는 것을 주요 골자로 한 근로기준법·노동조합법·노동쟁의조정법·노동위원회법 개정안을 통과시키고, 노사협의회법을 제정했다. 또한 해고노동자 명단을 바탕으로 블랙리스트를 작성해 해고노동자 또는 노동운동가의 취업을 막고, 청계피복노조·원풍모방노조 등을 강제해산시키거나 파괴해 민주노조를 제거하고자 했다.

신군부의 우려대로 1970년대 후반부터 학생들의 노동현장 투신, 노동야학 등으로 노·학연대가 점점 강화되었다. 1980~81년의 '무림·학림' 논쟁은 변혁의 주력이 학생이냐 노동자냐의 논쟁이기도 했는데, 그만큼 학생들의 노동운동에 대한 관심은 커가고 있었다. '학림'진영과 표리관계에 있는 전국민주노동자연맹(전민노련)이 1980년 5월 조직된 것은 1980년대를 특징짓는 재야(또는 민주)노동운동단체의 출현이라는 점에서 의미가 있다. 그렇지만 전 정권의 탄압이 워낙 거셌기 때문에 노동운동은 침체되지 않을 수 없었다.

노동운동은 1984년에 들어와 아연 활기를 띠기 시작했다. 1980년대 상반기 수도권 공단 지역에 '위장취업'한 학생 노동운동가만 약 3~4천 명 정도가 되었는데,(1만여 명으로 추산하는 연구자도 있음) 이들의 활동도 작용해 1984년에 134개 노조에 17,091명이 새로 조직되었다. 이 시기 노동투쟁은 택시 기사들이 선도했다. 1984년 5월 대구에서 택시 기사 1천여 명이 사납금 인하 등을 요구하며 농성에 들어간 것을 신호로 구미·대전·서울·강릉 등지에서도 택시 기사들이 투쟁을 벌였고, 6월에 부산에서는 1천여 택시 기사들이 시위를 벌였다. 10월에는 서울 대우어패럴 노동자들이 한국노총 등에서 농성을 벌였다. 이해 3월에는 전두환·신군부로부터 심한 탄압을 받았던 원풍모방·동일방직·반도상사 등의 노조 간부와 학생 출신 노동운동가들이 한국노동자복지협의회(노협)를 조직했다. 노동운동이 활성화되자 전 정권은 대량 해고, 블랙리스트 강화, 노조 설립 봉쇄 등으로 대처했다.

　노동운동은 1985년에 더욱 격화되었다. 부평 등지의 대우자동차 노동자들이 1984년 8월부터 투쟁을 시작해 다음 해 4월 10일간의 파업투쟁 끝에 사주 측과 합의에 도달한 것은 막강한 공권력과 재벌 대기업에 맞서 승리를 거두었다는 점에서 주목을 받았다. 1985년 6월에 경찰이 서울 대우어패럴 노동조합 간부들을 구속하자 인근에 있는 가리봉전자노조·효성물산노조·선일섬유노조 등 10개 사업장이 합세해 탄압 속에서도 6일간 공동투쟁을 벌였다.(구로연대투쟁) 이는 전평 붕괴 이후 보기 드물었던 노동자연대투쟁이라는 점에서 노동운동사에 한 획을 그었다. 노협이나 구로연대투쟁에서도 정치투쟁의 성격이 있었지만, 구로연대투쟁 얼마 후인 8월에 출범한 서울노동운동연합(서노련)과 1986년 2월에 조직된 인천지역노동자연맹(인노련) 등은 선명한 정치투쟁의 깃발을 높이 들었다. 서노련은 전위적 조직이 선도적인 정치투쟁을 통해 노동계급의 정치의식을 고양시키는 대중정치투쟁의 중요성을 역설했다. 그러나 남서울노동운동연합

(남노련)과 같은 정치투쟁 일변도의 노선에 비판적인 노동단체도 생겨났다. 노동운동의 백가쟁명 시대가 도래한 것이다.

극우정권의 야수성을 여지없이 폭로한 부천경찰서 성고문 사건은 한 여성의 용기가 없었더라면 묻혀버릴 뻔한 사건이었다. 수천 명의 학생들이 어떻게 당할지 알 수 없는데도 모든 기득권을 버리고 노동현장에 들어가 헌신적으로 활동한 것은 세계사에서 유례를 찾기 어렵다. 그런 '위장취업자' 중 한 사람인 권인숙이 1986년 6월 부천경찰서에 연행되어 경찰로부터 발가벗긴 채 이틀에 걸쳐 차마 입에 담을 수 없는 성고문을 당했다. 이런 사실이 재소자들과 세상에 알려지면서 파문이 일파만파로 확대되었다. 변호인단으로 조영래 등 166명의 변호사가 참여했고, 학생·노동단체 외에도 인권·종교·여성단체 등이 규탄집회를 열었다. 그렇지만 검찰은 추악한 성고문을 자행한 경찰에게 기소유예 처분을 내리고는 권인숙이 운동권의 상습화된 의식화투쟁의 일환으로 폭행을 성모욕 행위로 날조했다고 발표했다. 뿐만 아니라 권인숙은 주민등록을 위조해 위장취업했다고 실형을 선고받아 6월항쟁으로 가석방될 때까지 감옥에 갇혀 있어야 했다.

1970년대에 이어 1980년대에도 달동네 도시빈민은 삶터에서 쫓겨났다. 1982년부터는 합동재개발이 추진되어 달동네에 건설업체를 끌어들여 '합동'으로 아파트를 짓는 사업이 많았는데, 그 경우도 빈민들은 쫓겨나고 중산층이 들어왔다. 1983년 4월, 서울시는 목동

일대에 140만 평의 신시가지를 건설한다고 발표했다. 1970년대에 아현동에서 쫓겨온 빈민 4천여 세대가 다시 내쫓기게 되자 8월부터 철거반대투쟁이 격렬히 일어났다. 1985년 봄에는 학원에서 목동살 인철거규탄시위가 벌어졌다. 목동철거반대투쟁 과정에서 도시빈민운동이라는 말이 생겨났는데, 이때부터 도시빈민운동이 1990년대까지 활발히 전개되었다.

1980년대 농민운동은 가톨릭농민회가 주도했다. 1979년 오원춘 사건으로 유신권력과 정면으로 부딪혔던 가농은 1980년 '서울의 봄'을 맞아서 유신정권이 강요했던 쌀생산 증가를 위한 신품종 재배 강제 등 강제농정을 폐지하고 민주농정을 실시하라는 성명서를 잇달아 발표했다. 농민운동은 1983년 7월부터 가농에서 '농협조합장 직선제실시 100만인 서명운동'을 전개하면서 활기를 띠었다. 가농 등 농민단체는 그 뒤에도 농협·축협·농지개량조합의 민주화 및 지방자치제의 즉각 실시 등을 요구했다.

농민들이 1980년대부터 직면한 최대 과제는 외국농축산물 개방 문제였다. 수출 중심의 경제여서 전두환 정부는 대외개방정책을 적극 폈는데, 농업개방정책은 농민한테 사활이 걸린 문제였다. 가농을 중심으로 농민단체들은 1985년부터 외국농축산물수입반대운동을 전개하면서 외국소와 외국쇠고기 때문에 소사육 농민들이 입은 피해를 보상하라는 소값피해보상운동 및 바나나수입반대운동 등을 폈다. 농민들은 1985년 7월에 고성·안동·완주·진안·무안 등 22개 군에서 소와 경운기를 앞세운 소몰이시위를 격렬히 벌여 당국과 충돌했다. 농민들은 지방 중소도시 곳곳에서 6월항쟁에 적극 참여했다.

6. 6월민주항쟁 1 — 박종철 고문치사와 6·10국민대회

전두환 정권은 1986년 하반기 이후 초강경정책으로 직선제개헌운동 등 민주화운동을 철저히 봉쇄하고자 했다. 변화를 욕구하는 상황에 부적절한 초강경정책이 오히려 신군부체제를 뿌리째 뒤흔들 것이라고는 전혀 예상하지 못했다. 박종철 고문치사 이후에도 전 정권은 2·7대회와 3·3대회 원천봉쇄, 4·13호헌조치 및 민정당의 6·10대통령후보 지명대회 등 강경정책으로 일관했다.

1987년 1월 14일, 서울대생 박종철이 치안본부 남영동 대공분실에서 경찰의 물고문으로 사망한 사건이 발생했다. 이 사건은 1960년 4월 11일 김주열 시신 발견 때처럼 자식을 둔 부모들의 공분을 사게 되었다. 한 신문의 쇼크사 보도 등 일부 언론에서 사실을 추궁하고, 경찰 협박을 뿌리치고 한 법의학자가 질식사로 소견을 밝히자 당국은 물고문 사망을 인정하지 않을 수 없게 되었다. 결국 고문치사를 했다는 경관을 구속하기에 이르렀다.

박종철의 죽음에 대한 진상규명 요구는 대규모 집회 조직으로 나아갔다. 재야단체와 야권이 결성한 '고 박종철 군 국민추도회준비위원회'가 주최한 2월 7일 추도식 집회와 3월 3일의 '고문추방 민주화 국민평화대행진'에 경찰 전병력의 반이 넘는 6~7만 명이 동원되었다. 이로 인해 각 도시에서 산발적인 집회 또는 시위만 있었으나, 부근에 있던 시민들의 호응을 적지 않게 받았다. 거리에서 경찰에 대한 비난이나 항의 등의 형태로 시민들이 점차 시위에 참여하기 시작한 것은 중요한 변화였다.

정세를 오판한 전두환은 4월 13일 개헌 논의를 일체 금지하고 현행 헌법으로 대통령 선거를 하겠다는 '4·13호헌조치'를 발표했다. 그러자 대한변협·개신교·민통련 등이 호헌반대선언을 하고, 정의구현사제단과 천주교신자들이 단식투쟁에 들어갔다. 각 대학교수, 문학인, 전·현직 의원, 변호사, 교사, 대학원생, 의사, 약사, 한의사, 간호사, 영화인, 연극인, 미술인, 대중연예인 등 각계에서 4·13호헌조치 반대 성명서가 나오고 기자들은 자유언론쟁취운동을 벌였다. 4·13호헌조치가 범국민적인 개헌운동, 곧 민주화운동을 촉발시킨 것이다.

6월항쟁의 길목에 또 하나의 사건이 발생했다. 감옥에서 이부영이 박종철 고문치사 사건으로 구속된 경찰로부터 고문치사 사건 범인이 조작되었음을 듣고 바깥에 알렸으나 워낙 사안이 중대하다 보니까 발표를 꺼렸는데, 5월 18일 정의구현사제단의 김승훈 신부가 범인이 조작되었음을 밝혔다. 사태는 돌이킬 수 없는 방향으로 갔다. 정부는 박처원 치안감 등 경찰 간부를 구속하고 이한기를 국무총리

박종철 고문치사 사건에 대한 항의로 명동에서 열린 촛불시위 모습

에 임명하고 중앙정보부 후신인 국가안전기획부장과 내무장관, 법무장관, 검찰총장 등을 바꾸었다.(5·26개각) 5월 27일 '선명야당'이 포함된 각계 인사로 민주헌법쟁취국민운동본부가 발족해 6월 10일 '박종철 군 고문살인조작 범국민규탄대회'를 열기로 했다.

5·3인천대회 이후 야권과 결별했던 학생운동권은 다시 민주대연합으로 방향을 잡았다. 5월 18일 각 대학에서 약 2만 2천 명이 참가한 가운데 광주항쟁추모집회와 시위가 있었고, 5월 29일에 '서울지역대학생대표자협의회(서대협)'가 결성되었다. 각 대학 특위 및 투위 연합체로 '호헌철폐와 민주개헌쟁취를 위한 서울지역학생협의회(서학협)'를 출범시켜 6월 9일과 10일에 총궐기할 것을 다짐했다. 6월 9일 연세대 시위에서 이한열이 최루탄을 맞고 피흘리며 쓰러지는 사진은 학생들을 궐기시키는 데 폭발적인 위력으로 작용했고, 학생과 시민의 일체감 형성에 큰 역할을 했다.

잠실체육관에서 민정당 대통령후보 지명대회가 열린 6월 10일 예정대로 국민운동본부(국본) 방침에 따라 서울 등 각지에서 '박종철 군 고문치사 조작·은폐 규탄 및 호헌철폐 국민대회'가 열렸다. 서울에서는 오전부터 각종 시위가 여기저기서 일어났다. 드디어 오후 6시 대한성공회 성당 종이 울리는 것을 신호로 성당 구내 차량들이 경적을 울렸고, 여기에 화답하듯 거리의 차량도 경적을 울렸다. 6월민주대항쟁이 시작된 것이다. 같은 시간에 학생과 야당 의원들이 서울 도심지 곳곳에서 노상 규탄대회를 열면서 경찰과 공방전이 벌어졌다.

"호헌철폐", "독재타도"를 외치면서 시위를 벌이던 학생들은 오후 7시 30분경 신세계 앞 광장을 점거해 퇴계로 일대의 교통을 마비시켰다. 시민들은 버스 속에서 손수건을 흔들고 박수를 쳤다. 대전·부평·성남·군산 등지에서도 학생과 시민들이 과거에 보기 힘들었던 대중집회를 가졌다. 이날 22개 지역에서 약 24만 명이 시위에 참가했다. 경찰은 전국에서 3,800여 명을 연행했고 국본 간부를 포함해 220명을 구속했다.

국본에서도 예상치 못했지만, 6·10시위는 과거의 경우처럼 하루에 끝나는 시위에 머물지 않았다. 시위하던 학생과 시민이 명동성당에 들어가 밤 11시경에는 1천여 명으로 불어났다. 다음 날 아침 임시지도부는 농성하다 귀가한 학생들이 연행되었다는 소식에 농성을 계속할 것을 결의했다. 서대협이 매일 명동 일대에서 명동성당투쟁 지원투쟁을 벌이는 가운데 점심시간을 이용해 회사원 등 넥타이부대가 명동 일대를 메우며 지원시위를 했고, 상인 등 일반 시민들은 격려금, 속옷 등을 던져넣었다. 명동 일대는 시민의 데모와 토론장이 되었다. 추기경과 정의구현사제단은 경찰의 강제연행을 몸으로 막았다. 6월 15일에 농성은 평화적으로 끝났다. 5일간의 명동성당 농성투쟁은 시위를 확대시키는 데 큰 역할을 했다. 대전과 익산·마산·부산에서도 12일부터 시위가 다시 일어났다.

7. 6월민주항쟁 2 — 6·26시위에서 6·29선언으로

6월 15일부터 시위는 다시 커지기 시작했다. 이날 전국에서 59개 대학이 시위를 벌였는데, 대전·부산·대구 등지에서 시위가 격렬히 전개되었다. 16일에는 65개 대학이, 17일에는 70개 대학이 시위에 들어갔다.

국본은 6월 18일에 최루탄추방대회를 전국 각 도시에서 동시다발적으로 전개하기로 결정했다. 6월 18일 시위에 16개 도시에서 약 150만 명이 참가했다.(국본 집계) 서울의 종로 5가와 퇴계로·명동·서울역 앞에서 5만여 명이 시위를 했고, 광주에서도 격렬한 시위가 일어났다. 특히 부산에서는 서면로타리에서 부산진시장에 이르는 5km 길을 오후 7시경에 약 30만 인파가 가득 메워 경찰병력으로는 감당할 수 없는 상태에 이르렀다. 당국은 10여만 명의 경찰을 투입해 각지에서 1,487명을 연행했다. 이 무렵부터 군 투입설이 나돌았다. 정부·여당이 긴급 고위비상시국대책회의를 열었던 19일 레이건 미대통령이 전두환 대통령에게 친서를 전달하는 등 미국 측 움직임이 많아졌다. 최루탄추방대회와 부산시위의 영향을 받으며 지방에서 연일 대규모 시위가 전개되었다. 19일에도 전국 79개 대학이 시위를 벌였다. 이날부터 시작된 호남권 시위는 20일에 더욱 커져 20일 밤 광주에서는 20만 명 이상이 참여했다. 목포·순천·전주·원주·춘천 등지에서도 학생시위가 전개되었다.

최루탄추방대회를 전후해 국본 참여세력은 투쟁을 계속할 것이냐, 비상조치설이 나도는데 정치협상을 해야 하지 않느냐는 견해로 양분되었다. 김영삼·김대중 측은 후자를 주장했고, 소장층은 전자를 주장했다. 국본의 19일 밤 회의에서는 17일에 상임집행위원회에서 제출한 26일 '민주헌법쟁취를 위한 국민평화대행진' 안을 놓고 논의 끝에 26일 대회 추진 쪽에 무게를 두었다. 22일 다시 김영삼 측에서 신중론을 제기했으나, 23일 국본은 26일 평화대행진을 연다고 발표했다. 이날 연세대에 25개 대학의 2만여 학생이 모인 가운데 서대협의 평화대행진 참가 결의대회가 열렸다. 이 대회에서는 민주대연합을 위해 '직선제쟁취'가 '호헌철폐', '독재타도'와 함께 의미 있는 구호라는 것을 확인했다. 전주에서는 2만여 시민이 모여 시국토론회를 가졌다. 24일 전두환·김영삼 회담에서 전두환이 직선제를 거부함으로써 정치인들은 26일 대회에 가담하게 되었다.

6월 26일 민주헌법쟁취 국민평화대행진이 33개 도시와 4개 군·읍 등에서 열렸다. 당국은 서울에 2만 5천 명을 배치하는 등 전국 34개 지역에 6만여 명의 전투경찰을 배치했다. 서울의 경우 67곳에서 연인원 25만 명이 참여한 것을 비롯해 150만 명이 참가한(국본 집계. 『동아일보』는 20만 명으로 보도) 사상 최대의 전국 동시다발 시위였다. 서울을 비롯해 부산·대구·대전·광주·인천 등 대도시는 시가전을 방불케 하는 최루탄과 화염병 투척의 공방전이 벌어졌고, 곳곳에서 전투경찰이 무장해제를 당했으며, 시위학생·시민이 열띤 토론을 하는 대중

집회가 열렸다. 전주·성남·진주 등 일부 중소도시는 시위자가 많아 최루탄이 동났고, 경찰병력이 모자라 경찰이 어쩔 줄 몰라 하기도 하고 수수방관하기도 했다. 밤늦도록 서울역 일대는 시위대와 경찰이 밀고 밀리는 상황이 반복되는 '백병전'이 벌어졌다. 6·26시위는 전두환 정권이 경찰병력만으로는 시위를 감당하기 어렵다는 것을 보여주었다. 이날 시위로 전국에서 3,467명이 연행되고, 경찰서 2개소, 파출소 29개소, 민정당 지구당사 4개소, 시청 건물 4개소, 경찰차량 20대가 화염병 등으로 불타거나 파손되었다.

전두환 정권은 6월항쟁에 굴복해 민정당 대통령후보 노태우로 하여금 6월 29일 시국수습방안을 발표하게 했다. 6·29선언의 골자는 여야 합의에 의한 대통령직선제 개헌 후 대통령 선거 실시, 대통령 선거법 개정, 김대중 사면·복권과 시국사범 대폭 석방, 인권 침해 시정을 위한 제도적 개선, 언론기본법 개폐 등으로 언론 자유 창달, 지방자치제·교육자치제 조속 실시, 정당 활동 보장, 사회정화조치 강구 등 8개 항으로 되어 있다.

7월 3일 이한열이 사망해 7월 9일 장례식이 있었는데, 이날의 추모 인파는 6·29선언이 없었더라면 엄청난 사태가 발생할 수 있었음을 분명히 보여주었다. 서울에서만 1백만 명 가까운 인파가 신촌에서 시청 앞까지 운집했고, 광주에서 약 50만 명, 부산에서 약 30만 명이 모여 추모했다. 그의 시신은 광주항쟁 사망자들이 묻힌 광주 망월동 묘역에 안장되었다.

서울시청 앞 광장을 가득 메운 이한열 열사 추모 인파의 모습

6월항쟁으로 민주주의의 큰 길이 열릴 수 있었던 것은 학생운동권
·재야민주인사·야권이 민주대연합의 큰 틀 속에서 합심해 투쟁했기
때문이다. 1980년대는 민주화운동·자주화운동·사회운동이 역동적
으로 전개되었지만, 2·12총선과 그 이후 개헌투쟁에서의 일시적인
제휴를 제외한다면 학생·재야운동권과 야권이 보조를 맞추지 못하
고 때로는 심각한 갈등을 겪기도 했다. 그렇지만 학생들은 6월항쟁
에서 야권이 바라 마지않았던 '호헌철폐', '독재타도', '직선제쟁취'
를 투쟁구호로 제시했고, 6월 23일 집회에서 다시금 확인했다. 6월

항쟁에서는 사령탑인 국본에 학생들이 보조를 맞춤으로써 1919년 3·1운동 이래 가장 조직적으로 투쟁을 전개할 수 있었다.

전두환 정권이건 미국이건 광주항쟁·광주학살과 학살 이후의 상황은 6월항쟁에 대처하는 데 쓰디쓴 반면(反面)거울이었다. 또 6·10항쟁 직전에 있었던 5·26개각은 권력의 핵들을 모두 바꾸어놓은 것으로 유화 방향으로 문제를 풀어나가지 않을 수 없게 했다. 광주 지역 출신인 이한기 총리가 6월 19일을 전후해 사표를 내버리면 전두환은 곤경에 빠질 수 있었다. 미국은 전 정권에 대해 자제를 요청했는데, 4월혁명에서와 같은 박수를 받지는 못했다. 전두환·노태우는 1980년 '서울의 봄'에 김영삼·김대중의 행보처럼 대선에서 또 두 사람이 경쟁할 경우 충분히 승산을 예상할 수 있었다. 1년 후에 올림픽이 열리는 것도 군대를 동원하는 데 부담이 될 수 있었다.

6월항쟁은 3·1운동 이래 시위 참여자가 가장 많았고, 3·1운동처럼 전국 각지에서 각계각층이 참여했다. 일반 대중이 이처럼 많이 참여한 것은 독재정권의 장기화나 독재정권의 통제, 17년 전까지 있었던 직선제가 실시되지 않고 계속 체육관대통령이 나오는 것에 대한 불만이 컸기 때문이었다. 그러나 장기독재 등으로 인해 침체된 시민의식이 정치의식을 고양시키는 데 제약으로 작용했다는 것은 우선 6월항쟁 직후 치러진 대선과 총선에 표출된 심각한 지역주의를 통해서도 알 수 있다. 일반 대중이 다수 참여한 데에는 1986~88년에 있었던 호황도 한몫했다. 한국은 브라질·아르헨티나·멕시코와 함께 세계 최대 채무국으로 1970년대 후반부터 외채망국론이 제기되었는데, 특히 한국한테 유리한 저달러, 저금리에 저유가까지 겹친 3저 시대를 맞아 3년 동안 13%를 오르내리는 기록적인 성장을 이루었다. '단군 이래 최고 호황'이라는 말이 생길 정도였다. 1인당 GNP가 1980년 1,592달러에서 1987년에 3,110달러가 되었다. 3년호황을 거치면서 한국인은 식생활과 의생활이 크게 변하고, 자동차 보유도 1985년 5월의 1백만 대에서 1988년 12월에 2백만 대를 돌파해 (1992년 5백만 대 돌파) 초고속으로 증가하고, 해외여행도 급증했다. 이때부터 '과소비', '낭비벽'이라는 말이 널리 퍼졌는데, 그 말이 의미하듯 시민의식의 성숙을 동반한 변화는 아니었다.

6장

민주주의의 진전과
남북의 화해

1. 노동자대투쟁과 문화부문에서의 민주화

6월민주항쟁은 정치의 민주화뿐만 아니라 사회 전반의 민주화를 촉진시켰다. 경제발전의 역군이었으면서도 경제발전의 성과 배분에서 소외되고, 권력과 사업주가 요구하는 대로 열악한 조건에서 장시간 노동을 해야 했던 노동자들이 자신의 권익을 위해 6월항쟁 직후부터 수많은 사업장에서 투쟁을 벌였다.

노동자투쟁은 1987년 7, 8월에 집중적으로 일어났다. 제1기는 6월 29일부터 8월 7일경으로, 성남의 택시노동자투쟁으로부터 시작되었다. 그러나 본격적인 투쟁은 7월 5일 울산 현대엔진 노동조합 결성투쟁에서부터 촉발되었다고 봐야 할 것이다. 굴지의 대기업에서 노조가 결성된 것이 일파만파로 전국 노동계를 강타한 것이다. 7월 중순에 노동자투쟁은 울산 지역 전체로 퍼졌고, 하순에는 창원·마산 지역으로 옮겨갔다. 제1기가 투쟁의 발발과 확산기라면 8월 8일경부터 8월 27일까지의 제2기는 투쟁의 폭발적 고양기였다. 대부분의 파업은 이 시기에 발생했다. 특히 약 6만 명의 노동자가 참여한 8월 17, 18일의 울산 현대그룹 연합가두시위는 노동자의 위력을 보여준 시위였다. 17일에 이어 18일에도 노동자들과 3천여 명의 가족들은 '정주영 회장 및 족벌체제 타도 화형식'을 갖고 거리로 진출했다. 중장비를 앞세운 4만여 명의 노동자들은 어렵지 않게 전경 저지선을 뚫고 4km 이상 행진했다. 8월 28일부터 9월 말에 이르는 제3기는 공권력이 적극 개입해 통제를 강화하면서 투쟁이 위축된 시기다. 8월 초순에서 하순에 걸쳐 거제도 대우조선 노동자들의 노조결성투쟁 및 단체교섭투쟁이 장기간 계속되었고, 그 와중에 이석규가 경찰의 최루탄에 사망해 8월 29일 장례식을 가졌는데, 그날 총리가 좌경용공세력 척결 담화를 발표하면서 노동현장에 공권력을 투입했다.

　1987년 6월 29일부터 9월 말까지 발생한 노사분쟁은 3,311건으로, 그 가운데 쟁의 수반 분쟁은 3,235건이었으며, 쟁의 참가자는 1,225,830명이었다. 사상 최대 규모로 세계에서도 드문 사례였다. 7, 8월 노동자대투쟁은 울산·창원·거제 등 경남 지역 대기업이 주도했지만, 지역과 산업, 사업체 규모에 관계없이 전국에서 전 산업에 걸쳐 일어나 6월항쟁과 비슷한 양상을 보여주었다. 섬유봉제

임금인상을 요구하면서 울산 거리를 가득 메운 현대 7개 노조 노조원들

·전기전자 등 경공업 여성노동자 중심의 노동운동이 1987년 노동자
대투쟁을 겪으며 자동차·조선·기계공업 등 중화학공업 분야의 대기
업 생산직 남성노동자 중심의 노동운동으로 전환되었다. 노동자대
투쟁에서는 지역·그룹·산업별 연대가 상당부분 있었지만, 자연발생
적 경향이 강했고, '집단이기주의'로 몰릴 수 있는 경우도 적지 않았
다.(김금수, 『한국노동운동사 6─민주화 이행기의 노동운동』, 지식마당, 2004)

　사상과 교육, 문화, 예술 분야에서의 민주화 또는 자유도 진전되었
다. 중요한 문제가 제기될 때마다 시국선언문·성명서 등을 발표했던
교수들은 6월항쟁의 와중에 '민주화를 위한 전국교수협의회(민교

협)' 결성을 모색하다가 1987년 7월 21일에야 성균관대에서 창립총회를 가졌다. 한때 대학사회의 민주화는 급진전을 이루어 총장은 물론이고 단과대 학장도 선거로 선출했다. 8월 19일에 충남대에서는 95개대 학생들이 참여해 6월항쟁 이후 학생운동 구심점인 전국대학생대표자협의회(전대협)를 결성했다. 문학인들의 민주화운동의 구심점이었던 자유실천문인협의회는 조직을 확대 개편해, 9월 17일 민족문학작가회의를 결성했다. 한편, 8월 18일 한때 애창곡이었던 〈동백아가씨〉, 〈왜 불러〉 등 공연금지가요 186곡이 해금되었고, 9월 5일 〈아침이슬〉 등 방송금지곡 500곡이 해금되었다. 금서도 대량으로 풀려 1977년부터 판금된 도서 659여 종 중 431종이 10월 19일 해금되었다. 노래만 자유로 부를 수 있게 된 것이 아니라 연극·영화도 자유롭게 볼 수 있게 되었다. 이 무렵부터 북한바로보기운동 또는 국가보안법철폐운동의 일환으로 북의 도서를 투옥되면서도 적지 않게 영인 또는 출판했다. 언론계도 활발히 움직였다. 8월 1일 지방주재 기자제도가 부활했고, 10월부터는 기독교방송의 뉴스 기능이 살아났다. 언론기본법은 11월 11일에 가서야 폐지되었다. 10월 하순부터 주요 신문사와 방송사에서 노동조합을 결성하기 시작해 1988년 4월 14개 노조가 참여해 전국언론노조협의회를, 11월 41개 노조 1만 3천여 언론노동자가 참여해 전국언론노동조합연맹(언노련)을 창립했다. 1988년 5월 15일 국민주 모금 방식으로 한겨레신문이 탄생했다. 1988년 11월 5일에는 진보적인 연구소·학회 등이 모여 학술단체협의회(학단협)를 발족시켰다. 1980년대 민주화운동에서 일역을 맡았던 춤패·노래패들을 포함해 문학·미술·음악·연극·영화·춤·건축·사진 등 여러 예술 분야가 결집해 1988년 12월 24일 민족예술인총연합(민예총)을 창립했다.

2. 여소야대 국회의 출현

6·29선언 이후 관심은 대통령 선거에 집중되었다. 6·29선언 후속으로 1987년 7월 10일 김대중 등 2,335명이 사면·복권, 357명이 석방되고, 270명의 수배가 해제되었다. 급한 일은 헌법 개정이었다. 개헌안은 여당인 민정당과 김영삼 중심으로 6월항쟁 직전 선명야당을 기치로 창당된 통일민주당(민주당)이 7월 말부터 9월 중순까지 함께 마련했다. 10월 12일 국회 통과, 10월 27일 국민투표를 거쳐 29일 공포되었다. 새 헌법안의 가장 큰 특색은 대통령을 직선제로 선출하되 임기 5년 단임제라는 점이었다. 대통령권한이 재조정되고, 국회의 국정감사권이 부활되었다. 법률의 위헌 여부 등을 심판할 헌법재판소가 신설되고, 지방자치 실시가 명문화되었다. 기본권도 확대되었다. 11월에는 여야 합의로 노동관계법 개정안이 통과되었다. 새 법에서는 노동조합 설립요건이 완화되었으나, 야당 동의하에 여전히 제3자 개입 금지, 복수노조 금지, 노조 정치 활동 금지 등은 살아

있었다.

대통령 선거 최대 관심은 김영삼·김대중의 단일후보 문제였다. 김대중은 민주당에 입당하기는 했지만, 김영삼한테 아무래도 유리한 민주당에서의 대통령후보 결정에 응하지 않고 독자 출마의 길을 택했다. 두 사람은 9월 하순에 두 번 대좌했지만 끝내 합의를 보지 못했다. 그때쯤 김대중 측에서 4자필승론이 나왔다. 노태우와 김대중, 김영삼, 김종필이 모두 입후보할 때 지역에 따라 표가 4분 되는데, 그 경우 호남표와 서울 및 타 지역의 호남표 지지로 김대중이 승리한다는 논리였다. 결국 김영삼이 민주당 후보로, 김종필이 신민주공화당(공화당) 후보로, 김대중이 평화민주당(평민당) 후보로 지명되었다. 물론 민정당 후보는 노태우였다. 김대중·김영삼이 딴살림을 차리면서 민주화운동세력도 분열되었다. 민통련 등 재야 중심세력은 김대중을 지지하고 나섰다. 일부는 무슨 일이 있어도 후보단일화가 이루어져야 한다고 주장했다. 급진파는 민중후보로 백기완을 추대했다.

대선은 정책대결이라기보다 지역대결과 함께 세 후보의 세몰이 싸움으로 변질되었다. 서울 여의도광장 유세에 11월 29일 김대중이 약 130만 명을, 12월 5일 김영삼이 약 130만 명을, 12월 12일 노태우가 약 150만 명을 각자 총력을 기울여 먼 지방에서까지 동원해 사상 최대 기록을 잇달아 세웠다. 그렇지 않아도 노 후보 당선이 예상되었는데, 11월 29일에는 미얀마 앞바다에서 KAL 858기가 폭파당해 탑승자 115명 전원이 사망한 사건이 발생해 훨씬 유리해졌다. 투표 전날인 12월 15일 서울에 이송된 폭파범 김현희가 체포되기까지의 행적에는 수많은 미스터리가 지금까지도 풀리지 않은 채 남아 있다. 12월 16일 대통령 선거 결과 노태우 828만 표(36.6%), 김영삼 633만 표(28.0%), 김대중 611만 표(27.1%), 김종필 182만 표(8.1%)로 예상대로 되었다. 노태우는 대구와 경북에서 각각 70.7%, 66.4%를, 김영삼은 부산과 경남에서 각각 56.0%, 51.3%를, 김대중은 광주·전남·전북에서 각각 94.4%, 90.3%, 83.5%를, 김종필은 충남에서 45.0%를 얻었다.

1988년 4월 26일 소선거구제가 17년 만에 부활되어 치러진 총선거는 1987년 대선보다도 지역주의가 더 심화되었음을 보여주었다. 득표율이 민정당 34.0%, 민주당 23.8%, 평민당 19.3%, 공화당 15.6%였는데, 의석수는 각각 125석, 59석, 70석, 35석이었다. 민정당은 대구·경북의 29개 의석 중 25개를, 평민당은 호남의 37개 의석 중 36개를, 민주당은 부산·경남의 37개 의석 중 23개를, 공화당은 대전·충청의 27개 의석 중 23개를 차지해 정당이 지역당이자 특정인의 사당에 지나지 않음을 보여주었다. 이 선거에서 소수의 재야인사가 국회에 진출했다.

대선과 총선에서 표출된 극심한 지역이기주의는, 박정희와 전두환 등의 군부가 장기집권하면서 독재권력을 유지하기 위해 특정 지역에 극단적으로 편중된 정책을 쓰고, 그와 함께 근대화지상주의가 장기독재·반공·냉전의식과 결합되어, 오랫동안 시민의식이 몹시 결핍된 상태에 있었던 사실에 기인한다. 그와 함께 6월항쟁으로 관권이 약화되고, 선심공약과 금권의 효력에도 한계가 있었던 점도 작용했다. 한편, 특정 지역은 부분적으로 민주화와 남북 화해에 긍정적인 힘으로 작용하기도 했는데, 당장에 4·26총선에 의한 여소야대 국회는 휴전협정 체결 이후 최초로 국회가 제 기능을 살려 행정부를 견제하게 했다. 여러 악법이 개폐되고, 1988년 9월에 헌법재판소가 문을 열었다. 노태우 정권은 전두환 일가 비리를 수사하고, 일부 5공 실세를 물러나게 했다. 특히 1988년 11월부터 국회 내에 '5·18광주민주화운동진상조사특위', '제5공화국에 있어서의 정치권력형 비리 조사특위' 등이 설치되어 청문회를 열어 광주사태 진상규명, 정경유착 규명, 일해재단 비리규명, 1980년 언론통폐합 등의 진상규명 활동이 전개되었다. 이 청문회는 TV로 생중계되어 큰 반향을 불러일으키며, 노무현 같은 청문회 스타를 낳기도 했다. 막다른 골목에 몰린 전두환·이순자 부부는 설악산 백담사로 떠나 현대판 유배생활을 했다. 노태우·민정당은 여소야대 국회를 역전시키기 위해 김영삼·민주당, 김종필·공화당을 끌어들여 1990년 2월 민주자유당(민자당)을 창당했다. 3당합당으로 민주화와 개혁은 타격을 입었고 김대중·평민당은 고립되었다.

31년 만에 지방자치 선거가 부분적으로 부활되어 1991년 3월 26일에 시·군·구 기초의회의원 선거가, 6월 20일에 특별시 등의 시와 도의 광역의회의원 선거가 실시되었다.

3. 남과 북의 접근

1960년 4월혁명으로 통일운동이 전개된 것과 비슷하게 6월항쟁은 통일운동의 문을 열어놓았다. 통일운동은 서울대 총학생회 회장단 후보가 1988년 3월 29일 '김일성종합대학 학생들에게 드리는 공개서한'을 발표하면서 촉발되었다. 이들은 남북 청년학생의 국토종단 순례대행진과 체육대회를 6월 10일 판문점에서 만나 논의하자고 제의했다. 이에 대해 북의 김일성대학에서 즉각 찬동 의사를 표명했다. 6·10남북학생회담 개최 제의는 4월 16일 학생들과 민족작가회의 등 7개 사회단체에 의해 남북 올림픽 공동개최 제의로 이어졌다. 올림픽 공동개최에 대해서는 김대중이 전에 주장한 바 있었다. 그는 5월 18일에도 올림픽 안전개최와 북한사회 개방의 필요성 등을 내세워 올림픽 공동개최와 남북정상회담을 제의했지만, 조선일보 등의 공격을 받고 한 발 뺐다. 북의 김일성은 5월 27일 남북 간의 쌍무적·다무적 접촉과 회담 및 서울 올림픽 공동주최를 하자고 응답했다. 5월 28일 천주교·개신교·불교 등 종교단체를 포함한 67개 사회단체는 남북 공동 올림픽과 6·10학생회담 성사를 촉구하는 선언문을 발표했다. 6월 10일 전국 40개 대학에서 약 1만 8천 명의 학생들이 연세대에 모여 6·10남북학생회담에 참여하기 위한 판문점 출정식을 갖고 거리로 나섰지만 경찰의 원천봉쇄로 실패했다.

노태우 대통령은 학생들의 판문점행을 철저히 차단하면서 7월 7일 '민족자존과 통일번영을 위한 특별선언'을 발표했다. 그는 이 선언에서 ① 정치인·학생 등 여러 방면의 남북동포들의 상호교류 추진, ② 이산가족 서신거래, 상호방문 주선·지원, ③ 남북교역에 대해 문호를 개방하고 남북 간 교역을 민족 내부교역으로 간주하겠다고 선언했다. 그런데 노태우의 7·7선언은 그 다음에 더 중요한 내용이 들어 있었다. 즉, ④ 비군사적 물자에 대해 우방들이 북과 교역하는 것을 반대하지 않으며, ⑤ 남북 간의 소모적인 경쟁·대결외교를 종결하고 남북대표가 국제사회에서 협력하며, ⑥ 북의 미·일관계 개선에 협조할 용의가 있고, 또한 우리는 중국 등 사회주의국가들과의 관계개선을 추구하겠다고 밝혔다. 이는 1986~88년 3년간의 대호황에 자신을 얻은 경제력을 바탕으로 북방외교를 적극적으로 펴 사실은 북을 고립시키겠다는 의지를 보여준 것이다. 주지하다시피 7·7선언은 북방외교선언이었다.

노태우의 북방정책은 구상 단계에 머문 것이 아니었다. 선언 이틀 전인 7월 5일 유고슬라비아와 무역사무소를 개설하였고, 선언 두 달 후인 9월 13일 헝가리와 상주대표부를 설치하기로 합의했으며, 1989년 11월에는 폴란드와 수교했다. 여러 차례 소련과 접촉하다가 그해 같은 달에 영사관계 수립에 합의하고, 1990년 10월에는 소련과의 수교 합의에 서명했다. 이 과정에서 헝가리와는 6억 2,500만 달러 차관, 소련한테는 30억 달러 차관 지원에 합의했다. 중국과의 수교는 중국과 북한과의 특수한 관계 때문에 시간이 걸렸으나, 한국 정부는 정부 수립 이래 미국 다음의 우방이었던 자유중국과 일방적으로 단교하고, 1992년 8월 24일 중국 북경에서 수교의정서를 교환해 국교를 수립하고, 한 달 후 노 대통령은 중국을 공식 방문했다. 북한은 동유럽 사회주의정권의 붕괴, 그와 함께 한국의 소련·동유럽권과의 수교로 큰 어려움을 맞았는데, 중국마저 한국과 수교를 맺게 된 것이었다. 1988년 9월에 치른 서울 올림픽은 그 자체로 한국의 이름을 세계에 알릴 수 있었는데, 금 12, 은 10, 동 11개로 소련·동독·미국에 이어 4위를 함으로써 자긍심을 갖게 되었다.

1989년에는 깜짝 놀랄 만한 방북 사건이 잇달아 있었고, 그것을 계기로 '공안정국'이 형성되어 여소야대 국회로 밀리던 노태우 정권이 공세로 나왔다. 1989년 3월, 문익환이 일본을 거쳐 평양을 방문해 북의 조국평화통일위원회 위원장 허담과 회담하고 통일관계 9개항에 합의했으며, 김일성과 장시간 회담을 가졌다는 보도는 충격적이었다. 노 정권은 문 목사 귀국 이전에 공안합수부를 설치해 통일운동과 관련해 재야단체를 전면 수사하고, 모든 '불법시위'에 '성역 없이' 공권력을 투입하는 등 계엄상태와 유사한 강경조치를 취해 위기감을 고조시켰다. 6월에 밀입북 혐의로 평민당 서경원 의원이 구속되고, 전대협대표로 임수경이 평양축전에 참여함으로써 공안정국

1989년 평양에서 열린 제13차 세계청년학생축제에 참가한 임수경

은 더욱 고조되었다. 임수경은 북의 청년·학생층에 신선한 바람을 불어넣었다. 공안정국은 1990년 2월 민자당 창당으로 이어졌다.

노태우 정부의 북방정책과 공안정국에도 불구하고 1990년대에 들어와 남과 북의 정부관계는 급진전했다. 1990년 9월 총리급으로는 최초로 북의 연형묵 총리 등 북측 대표단 88명이 판문점을 거쳐 서울에 와 남북고위급회담을 열었고, 10월 강영훈 총리 등 남측 대표단 90명이 평양에 가 남북정상회담 개최를 촉구했다. 10월에 평양과 서울에서 남북통일축구대회도 가졌고, 음악인들이 평양에 가기도

했다. 1991년 9월 17일에는 북이 오랫동안 반대했던 남북유엔동시 가입이 이루어졌다. 1991년 12월 13일 서울에서 열린 제5차 남북고위급회담에서는 양쪽 정부 총리가 서명한 '남북 사이의 화해와 불가침 및 교류 협력에 관한 합의서(남북기본합의서)'가 발표되었다. 이 합의서에서는 남북관계를 통일을 지향하는 과정에서 잠정적으로 형성된 특수한 관계로 규정하고, 상대방의 국가적 실체는 인정하되 국가로는 승인하지 않기로 합의했다. 이 합의서에서는 상대방 체제를 인정하고 존중할 것과 내정불간섭을 천명하고, 남북불가침과 교류 협력에 관해 상세히 규정했다는 점에서 의의가 크다. 10월 평양의 제4차 남북고위급회담에서 북측이 긴급 제안하고, 11월 노 대통령이 북에 제안한 바 있는 '한(조선)반도 비핵화에 관한 공동선언'이 12월 31일에 발표되어 남과 북은 핵무기를 시험·제조·저장·사용하지 않고 핵에너지를 오직 평화적 목적에만 이용한다고 선언했다.

4. 전교조·민주노총의 결성과 농민투쟁

4월혁명기에도 교원노동조합운동이 가장 활발했는데, 1989년 싸늘한 공안정국에서 교사들은 5월 28일 전국교직원노동조합(전교조, 위원장 윤영규)을 출범시켰다. 1980년대 민주교육운동은 1985년 5월 무크지 『민중교육』에 「교육의 민주화」가 특집으로 실리면서 수면 위로 떠올랐다. 전두환 정권은 이 무크지와 관련해 17명의 교사를 교육현장에서 추방하고 2명의 교사를 구속했다.(『민중교육』지 사건) 다음 해 5월 한국YMCA중등교육자협의회 주최 제1회 교사의 날 집회에서 477명의 교사가 서명한 '교육민주화선언'이 발표되었다. 여기에 멈추지 않고 교사들은 같은 달에 민주교육실천협의회를 창립했다. 구속 등 당국의 탄압에도 불구하고 민주교육운동을 계속 벌여온 교사들은 1987년 2월 민주교육탄압규탄대회를 열고, 6월항쟁 직후인 9월에 민주교육추진전국교사협의회를 탄생시켰다. 그것이 1988년 11월 1만여 명이 참석한 민주교육법쟁취전국교사대회를 거쳐 1989년 전국교직원노동조합 결성에 이른 것이다. 전교조에는 118개 시·군·구 지회, 566개 단위학교 분회에 속한 초·중·고 교사 2만여 명 및 대학교수 474명이 가입했다. 전교조 결성으로 1989년 10월 말까지 157명 파면, 927명 해임, 383명 직권면직으로 1,500명에 가까운 교사가 학교에서 쫓겨났다. 교사들이 교실로 돌아오는 데는 수년이 걸렸으나 전교조는 교육민주화운동에서 확고한 위치를 차지했다.

공안정국에서 정부는 민주노조운동을 불순한 운동으로 매도했고, 사용주 측은 '무노동 무임금', '노조전임자 임금 불지급' 등을 주장하며 대대적인 공세로 나왔다. 이런 정권과 자본의 탄압 속에서 민주노조운동세력은 한국노총에 맞설 수 있는 전국적인 중앙조직을 건설하기 위해 1990년 1월 지역별 노동조합협의회가 중심이 되어 전국노동조합협의회(전노협)를 조직했다. 전노협에는 6백여 노조, 20여만 명의 조합원이 가입했다. 전노협에 속하지 않은 비제조업부문 노조들은 1990년 KBS노조 방송민주화투쟁과 현대중공업노조의 '골리앗 투쟁'을 계기로 1990년 5월 업종노동조합회의를 구성하게 되었다. 1991년 하반기에 정부가 국제노동기구(ILO)에 가입했는데, 전노협 등은 민주노조운동에 대한 국제노동단체의 지원과 협력을 이끌어내며, 1995년 11월에 단위노조 862개, 조합원 418,154명으로 이루어진 전국민주노동조합총연맹(민주노총)을 결성했다. 이로써 노동조합은 민주노총과 한국노총의 양대 산맥으로 나뉘어졌다. 민주노총은 산업별 연맹 건설 및 지역본부 재편과 더불어 추진되어, 1998년 4월에는 조합원이 54만 명으로 증가했고, 그중 99%인 53만 명이 20개 산업별 연맹에 가입한 조합원이었다.

1991년 4~6월에는 6월항쟁 이후 최대 규모의 시위가 전개되었다. 공안정국으로 운동권이 어려움을 맞고 있었고, 동유럽 사회주의 정권의 붕괴로 이념면에서 혼란을 겪고 있던 시기에 명지대생 강경대가 4월 26일 백골단 소속 사복경관의 쇠파이프를 맞고 사망한 사건이 발생했다. 다음 날부터 학원을 중심으로 규탄대회가 열렸다. 5월 9일 전국 42개 시·군에서 20여만 명이 참가해 '민자당 해체와 공안통치 종식을 위한 범국민대회'를 열어 노 정권 퇴진을 요구했다. 1991년 5월투쟁에는 분신자살이 많이 발생했다. 시인 김지하, 서강대 총장 박홍, 연세대 교수 김동길 등이 분신자살에 불순한 의도가 있다고 주장해 논란을 빚었고, 5월 8일 전민련 소속 김기설이 분신, 사망하자 당국은 전민련 간부 강기훈이 유서를 대필했다고 주장해 운동권을 매도하고 나섰다. 분신은 끊이지 않고 계속되어 5월 14일 강경대 장례식에 맞추어 전국 15개 도시에서 15만 명이 참여한 제2차 국민대회가 열리던 때에도 3명이 분신했다. 5월 25일 '공안통치 민생파탄 노태우 정권 퇴진 제3차 국민대회'가 열린 날에는 성균관대생 김귀정이 최루탄을 피하다 깔려죽었다. 그런가 하면 6월 3일 정원식 총리서리가 외국어대에서 학생들한테 봉변을 당한 사건은 '인륜의 파탄'으로 비난받았다. 유권자의 의사가 반영된 선거가 치러지고 어느 정도 개혁이 이루어지고 있는 상황에서 노태우 정권 퇴진을 요구한 1991년 5월투쟁은 사실상 그다지 호응을 받지 못했다. 운동권은 노 정권과 보수언론의 공격으로 도덕성에 상처를 입었다. 이 무렵부터 학생들의 사고나 관심이 변하고 있었다.

1991년 5월투쟁 이후 개량주의운동이 대두했고, 시민운동이 활성화되었다. 시민운동은 6월항쟁 이전에도 있었다. 여성운동의 경우 1984년에 여성평우회, 여성의전화 등이 출범했고, 1987년 2월 여러 계층의 여성단체가 한국여성단체연합을 발족시켰다. 유신체제 때부터 인권 옹호에 노력해온 변호사들은 1988년에 '민주사회를 위한 변호사모임(민변)'을 결성했다. 공해문제는 1960년대 후반 산업화가 급진전하면서부터 제기되었는데, 1970년대에는 성장 우선의 논리에 밀려 힘을 얻지 못했다. 1982년 공해문제연구소가 설립되었고, 1984년 반공해운동협의회가, 1986년 공해반대시민운동협의회가 탄

대형 걸개그림과 영정을 앞세운 강경대 운구행렬(1991년 5월 초)

한강에서 동강댐 반대 피켓을 내걸고 수상 시위하고 있는 환경운동연합 회원과 영월 주민들

생했다. 그리고 공해반대운동단체의 연합체로 1988년 공해추방운
동연합이 조직되었고, 그것이 1993년에 환경운동연합으로 발전했
다. 1989년에는 본격적인 시민운동단체로 학계·법조계 등 전문직
종사자들이 다수 참여한 경제정의실천시민연합(경실련)이 탄생했다.
1994년에는 박원순 변호사 등 진보적인 전문직 종사자들이 참여연
대를 조직해 인권문제, 사회개혁문제, 국가공권력의 부당한 행사,
재벌문제 등에 강력히 발언했다

소몰이시위 등을 벌이며 1980년대 중반에 농축산물수입반대운동
을 펴온 농민운동단체들은 1989년에 전국농민운동연합을 결성했

고, 그것이 확대되어 1990년에 전국농민회총연맹이 출범했다. 이들 단체의 주요 활동도 쌀값보장·쌀전량수매쟁취투쟁과 함께 농산물개방반대투쟁에 모아졌다. 특히 1986년 우루과이에서 열린 '다자간 무역협상을 위한 각료선언(우루과이라운드, UR)' 이후 쌀수입 문제가 초미의 관심으로 등장했는데, 1993년 12월 UR협상에서 쌀수입을 김영삼 정부가 양보할 가능성이 높아지자 그해 1월부터 쌀개방반대운동을 벌였고, 12월 7일에 농민 3만여 명이 여의도광장에서 반대시위를 가졌다. 김영삼 정부는 1993년 12월에는 식용쌀은 절대 수입하지 않고 가공용만을 들여오겠다고 하면서 소량의 개방을 허용했는데, 1996년부터 식용쌀을 도입하게 됨에 따라 농민들의 반대투쟁은 더욱 거세졌다. 농민들은 국가안보 차원에서 쌀개방을 반대하는 투쟁을 벌였는데, 21세기에 들어와 개방 폭이 확대됨에 따라 농민들은 연례행사처럼 시지프스와 같은 괴로운 투쟁을 계속하지 않을 수 없게 되었다.

5. IMF사태

1992년에는 임기 4년의 국회의원 선거와 임기 5년의 대통령 선거가 치러졌다. 1992년 3월 24일 치러진 총선은 여전히 지역주의가 큰 영향을 미쳤지만, 3당을 합당한 거대정당 민자당에 대한 유권자의 견제심리가 작용했다. 이 선거에서 민자당은 지역구 116석에 전국구 33석을 합해 149석밖에 안되어 과반수에서 1석이 부족했고, 총선 전의 218석에 비하면 69석이 적었다. 그 반면 김대중이 새로 조직한 민주당은 지역구 75석(전국구 22석)을 차지했고, 현대재벌총수 정주영이 만든 국민당도 지역구 24석(전국구 7석)을 차지했다. 민주당은 호남 외에도 서울의 44개 선거구에서 25명이나 당선되었다. 운동권의 진출도 전보다 늘어났다.

1992년 5월 19일 민자당 전당대회에서 김영삼이 총투표수의 66.3%를 획득해 대통령후보가 되었다. 그때까지 의석수 등 여러 면에서 민정당계가 훨씬 우세했지만, 김대중을 누르려면 김영삼밖에 없다는 대세론 때문에 김영삼을 내세우지 않을 수 없었다. 민주당은 김대중을, 국민당은 정주영을 대통령후보로 지명했다. 김대중은 선거과열을 불러일으키는 옥외집회를 자제하고 TV 공개토론을 갖자고 제의했지만, 김영삼이 완강히 반대해 성사되지 않았다. 선거 두 달을 앞둔 10월 23일 안기부는 리선실 등이 정치권과 재야를 목표로 공작 활동을 했다는 간첩단 사건을 발표했지만 별 영향을 주지 못했다. 또한 12월 11일 부산 복국집에서 전 법무장관 김기춘 주재로 기관장들이 모여 지역감정을 불러일으켜 김영삼을 당선시키자는 부산 기관장대책회의 사건(일명 초원복국집 사건)이 선거 3일 전인 12월 15일 폭로되어 김영삼 후보가 타격을 입을 것으로 예상되었으나, "우리가 남이가"라는 영남 유권자의 반응으로 그것도 별다른 영향을 주지 못

했다. 이 선거에서는 금권이 난무해 민자당 측은 5천억 원 이상을 쓴
것으로 얘기가 나돌았다.

12월 18일 투표 결과 김영삼이 997만여 표(총유효표의 41.4%)로, 804만
여 표를 얻은 김대중을 누르고 대통령에 당선되었다. 두 후보 다 지
역주의에 의해 표를 획득한 것으로 김영삼은 부산·경남과 대구·경북
에서 474만여 표를, 김대중은 광주·전남과 전북에서 281만여 표를
얻어 두 사람의 표차는 양대 지역에서의 표차와 일치하지만, 정주영
의 표 388만여 표가 대부분 김영삼과 경쟁관계에 있었던 점을 감안
해야 할 것이다. 김영삼의 승리는 중도보수 성향이 반영된 것이었
다. 최규하를 무시한다면, 김영삼은 1961년 5·16군부쿠데타 이후
최초의 민간인 대통령이었다. 선거 결과가 알려진 12월 19일 김대중
은 40년의 정치생활을 끝내고 정계를 은퇴하겠다고 발표했다.

김영삼은 1993년 2월 대통령에 취임하자마자 엄격한 청교도적 생
활을 하면서 쾌도난마식으로 개혁을 해 취임 초에는 90%에 가까운
지지율을 기록했다. 김 대통령은 대대적인 숙군사업을 벌여 박정희
의 후원 아래 세력을 확대하고 12·12쿠데타 이후 군의 실권과 전두
환·신군부 정부의 요직을 차지했던 군 사조직 하나회 멤버에 대해
예편시키거나 승진하지 못하도록 해 군에서 제거했다. 그와 함께 보
안사 후신인 기무사 권한을 축소시키고, 차세대전투기 기종 변경 과
정에 대해 특별감사를 실시해 전 국방장관 등 뇌물수수자들을 구속
했다. 이로써 성역으로 간주되어온 군이 민간정부 통제하에 들어갔

다. 김영삼은 박정희·전두환·노태우 정권에서 30년간 권세를 부렸던 TK세력도 무력화시켰다. 또한 '윗물맑기운동'을 외치면서 공직자윤리법을 개정해 9만여 명의 공직자 재산을 등록케 하고, 그중 고위공무원 등록재산을 공개하게 했다. 1993년 8월에는 '금융실명 거래 및 비밀보장에 관한 대통령 긴급 재정경제 명령'을 발표해 금융실명제를 전격적으로 실시했다.

1995년에는 전두환과 노태우 등이 구속되었다. 1993년 정승화 등이 이들을 반란 혐의 등으로 고소한 것에 대해 검찰은 1995년 7월, 이들이 1980년에 한 행위는 사법심사의 대상이 되지 않는다고 결론지었다. 그렇지만 그해 10월 박계동 의원이 노태우 비자금을 폭로하자 11월 노태우가 구속되어 재임 중 5천 억 원의 통치자금을 조성했고, 이 중 1,700억 원이 남아 있다고 밝혔다. 검찰이 노태우보다 거의 두 배가 되는 통치자금을 마련한 것으로 밝힌 전두환도 12월에 체포되었다. 또한 그 달에 '헌정질서 파괴범죄의 공소시효 등에 관한 특별법'과 '5·18민주화운동 등에 관한 특별법'이 제정·공포되어 전·노 두 사람과 12·12쿠데타, 광주학살 등에 가담했던 14명이 내란수괴 등의 혐의로 기소되었다. 그리하여 1997년 4월 대법원은 전두환 무기징역, 노태우 17년 징역의 원심을 확정했다. 김영삼 정부의 '역사 바로 세우기'였다. 두 사람은 김대중이 대통령에 당선된 직후인 1997년 12월 22일에 사면·복권 및 석방되었다.

김영삼의 개혁은 국회를 무시한 채 막강한 대통령권한에 의해 이루어졌고 권위주의적이어서 문민독재라는 비판을 받았다. 여론 동향에도 너무 민감했다. 뿐만 아니라 TK세력의 약화는 대구·경북 지역의 반감을 불러일으켰고, 김종필도 이탈해 권력 기반이 약화되었다. 김영삼은 점차 일관성을 상실한 채 전진과 퇴행을 거듭하다가 급기야 IMF 수렁에 빠져버렸다.

김영삼이 1993년 3월 미전향장기수 이인모를 조건 없이 북에 송환했을 때 대북정책에 기대가 컸다. 그런데 1993년 연말부터 미국언론이 북핵문제로 한반도에 전쟁이 날 것처럼 보도했고, 1994년 3월 남북실무접촉에서 북대표가 "전쟁이 일어나면 서울이 불바다가 될 것"이라고 말해 위기감이 고조되었다. 1994년 5월 미국은 대북 전면전을 검토하는 등 위기가 심각해지자, 그해 6월 전 미국대통령 카터가 북의 김일성과 만나 북과 미국이 핵문제를 논의할 수 있는 길을 터놓았고, 김일성은 더 나아가 남북정상회담을 제의했다. 다음 날 김영삼이 그 제의를 받아들여 양측은 남북정상회담을 7월 25일부터 27일까지 평양에서 열기로 합의했으나, 7월 8일 김일성이 사망했다. 일부 언론은 그 얼마 전에도 한반도 위기설을 과장되게 보도해 사재기 현상 등이 나타났는데, 김일성 사망에도 극단적인 반북시각의 보도를 했고, 조문 제안을 극렬히 비난해 조문 파동을 일으켰다. 문제는 김영삼 정부가 정상회담 상대자가 사거했는데도 방북조문단 불허방침을 밝혀 북과 심한 갈등관계에 들어서게 되었다는 점이다.

김영삼 대통령은 선거제도를 과감히 개혁하고자 했다. 깨끗한 선거, 투명한 선거를 위해 1994년 3월 공직선거 및 선거부정방지법, 정치자금법 개정법률, 지방자치법 개정법률 등에 서명했다. 1995년 6월 5·16군부쿠데타 이후 최초로 광역자치단체장과 기초자치단체장 선거 및 지방의회의원 선거가 선거 사상 드물게 깨끗하게 치러졌다. 그런데 15개 특별시·광역시 시장·도지사 선거에서 5명밖에 당선되지 못하는 등 민자당이 참패하자, 1996년 4월 11일 치러진 총선은 또다시 금권이 난무하는 등 혼탁한 선거가 되었다. 선거 결과는 민자당이 명칭을 바꾼 신한국당 139석, 김대중의 새정치국민회의(국민회의) 79석, 김종필의 자유민주연합(자민련) 50석, 민주당 15석, 무소속 16석이었다. 이 선거 역시 지역주의가 지배했으나, 여성이 지역구에서 2명, 전국구에서 7명이 진출한 것이 눈에 띄었다.

1996년 12월 26일 신한국당이 단독으로 국회본회의를 열어 노동관계법과 안기부법을 날치기로 통과시킨 것은 김영삼 정권이 안이하게 사태에 대처했음을 보여주었다. 복수노조를 상급단체의 경우 3년 동안 유예한다는 조항은 강한 반발을 불러일으켜 민주노총 주도하에 12월 26일부터 총파업이 단행되었다. 12월 28일부터 31일 사이에 노동조합원이 매일 20만 명 이상 참여한 총파업으로 김영삼 정부는 궁지에 몰렸고, 결국 1997년 3월에 상급단체 복수노조 허용 등 노동관계법을 전면적으로 수정하기에 이르렀다. 김영삼 정권은 1997년 들어와 무력증을 노정했다. 1997년 1월 한보그룹 회장이 구속된 데 이어 2월 김영삼 핵심 측근인 홍인길 의원이 한보그룹으로부터 10억 원을 받은 혐의로 구속되었다.(한보사태) 5월에는 김영삼의 아들로 권력 남용이 심했던 김현철이 특정범죄가중처벌법상 알선수재 혐의와 조세포탈 혐의로 구속되었다.

한국은 1997, 98년에 IMF사태라는 최악의 경제위기를 맞았다. 1997년 7월부터 시작된 태국·인도네시아·한국의 경제위기, 일본의 금융 불안으로 동아시아 지역은 위기의식이 높아갔다. 그해 11월 14일 한국경제의 IMF행이 결정되고, 12월에 IMF 관리하에 들어갔다. 일종의 경제신탁통치였다. 1998년에 GDP 성장률은 -6.9%로, 1952년 이후 1980년에 이어 두 번째 마이너스성장이었다. 금융회사들은 공황 사태를 맞았고, 회사들이 줄줄이 도산했다. 기업의 대대적인 구조조정으로 50세 안팎의 중견사원들이 마구 잘리고 실업자가 급증했다.

IMF사태의 직접적 요인은 김영삼이 1994년 11월부터 무리하게 세계화를 추진하는 중에 급작스럽게 닥친 외채위기 때문이었다. 1996년에 들어와 경상수지적자가 237억 달러에 이르렀고, 그 때문에 외환보유고가 급감했다. 그 반면 외채가 급증해 1997년 12월 20일 현재 1,530억 달러였고, 그중 1년 미만의 단기외채가 802억 달러였는데, 9월부터 단기외채 상환을 연기해주지 않고 돈을 거둬가면서 위기가 발생했다. 대기업인 한보그룹, 기아그룹 등 수많은 기업들이 줄줄이 법정관리에 들어가 부실채권이 증대한 것도 작용했다. 이런 위기를 불러일으킨 기본 요인은 재벌과 권력의 정경유착, 그로 인한

의자에 앉아서 자고 있는 노숙자의 모습

관치금융특혜와 과다차입에 의한 재벌의 과잉중복투자 및 과다차입
으로 인한 재무구조의 취약함과 불투명성이었다. 1995년부터 투기
금융사의 종합금융사(종금사) 전환이 허용되었는데, 종금사는 단기외

채를 끌어다 재벌기업 시설자금을 대주었다. 부동산투기 등 투기가 만연하고 경제구조를 탄탄히 하는 대신에 적당주의로 넘어간 것, 과도한 소비도 한몫했다.

6. 6·15남북정상회담

김대중은 네 번째로 출마하는 1997년 대선에서 기필코 승리하지 않으면 안 되었다. 김대중과 극우인 김종필이 연합해 대통령후보에 김대중을 밀되, 총리를 자민련에서 갖는 것을 포함해 각료를 두 당이 나누고, 2년 이내에 내각제 개헌을 한다는 '협약'이 맺어진 것도 그 때문이었다. 신한국당 총재인 이회창은 민주당의 조순과 손을 잡고 한나라당을 창당해 대통령후보로 나섰다. 새로 만들어진 국민신당의 이인제 후보는 김영삼 지지 기반을 잠식하게 되어 있어 이회창한테 불리했다. 1997년의 대선은 후보자 간의 공식 TV 토론만 54회가 있을 정도로 미디어를 활용하는 미디어선거 시대를 열었다. 그러나 후보자들은 TV 토론을 통해 정책대결보다 영상 이미지 효과에 더 관심을 기울였다. 이 과정에서 김대중 후보는 극우들의 '사상검증 대토론회'를 장시간 감내해야 했다.

1997년 12월 18일 투표 결과 김대중 1,032만여 표(40.3%), 이회창 993만여 표(38.7%), 이인제 492만여 표(19.2%)로, 김대중 후보가 이회창 후보보다 39만여 표라는 근소한 표차로 승리했다. 이 선거 역시 지역선거를 면치 못했다. 김 후보는 광주·전남·전북에서 각각 97.3%, 94.6%, 92.3%였고, 이 후보는 부산·경남·대구·경북에서 각각 53.1%, 55.1%, 72.7%, 61.9%였다. 김 후보가 승리한 가장 큰 요인은 이인제 후보가 부산·경남 표를 많이 획득한 것이었지만, 김종필 지역인 충청표가 이회창 후보보다 훨씬 많았다는 것도 한 요인이다. 김대중은 야당 후보로 최초로 대통령에 당선되어 정권이 평화적으로 교체되었다는 점에서 의의가 컸다. 역대 대통령 중 가장 진보적 인사가 대통령이 된 점도 중시해야 할 일이었다.

엄청난 규모의 기업 도산과 부실, 대량 해고 등 IMF사태를 해결할 책임은 전적으로 1998년 2월에 출범한 김대중 정부가 떠맡았다. 김 대통령은 자본시장 자유화의 극대화를 요구하는 신자유주의 기조 아래 대대적인 '구조조정'을 했다. 그런 구조조정의 대표적 사례가 한국통신·포항제철·한국전력·한국중공업·가스공사·담배인삼공사 등 국가의 중추적 역할을 하는, 경제주권·국민복지와 밀착되어 있는 대규모 공기업의 민영화였던 바, 그것은 외국자본에의 개방을 의미했다. 도산하거나 부실 정도가 심한 큰 은행과 기업 등에 공적자본이 대규모로 투입되었고, 외국금융회사 등에 매각되었다. 대량 해고·고용 불안·임금 삭감 등을 주 내용으로 하는 '노동의 유연화'가 수반된 구조조정이었다. 그리하여 2001년 8월까지 IMF 구제금융을 모두 갚아 'IMF 졸업'을 하게 되었다. 경제성장률도 높아지고 무역

혹자도 많아졌으나, 김대중 정부 말기까지 무려 160조 원의 공적자금이 투입되어 국가재정이 거의 200조 원에 달하는 빚더미를 안게 되었다. 또 주식시장의 3분의 1 이상이 외국자본의 지배하에 놓였으며, 주요 은행의 대부분의 주식을 외국자본이 소유하게 되었다. 신용카드 발급 조장, 중소벤처기업 육성, 가계대출 증가, IT 장려도 중요 정책이었는데, 앞의 세 가지는 심한 부작용을 낳았다. 김 대통령은 극빈자·장애인을 배려하고, 여성 지위 향상에 노력했다.

IMF사태는 재벌의 경제지배를 수술할 절호의 기회였다. 김 대통령은 기업경영의 투명성 제고, 상호채무보증의 해소, 재무구조 개선, 재벌 간 업종교환을 통한 업종전문화정책, 경영자의 책임성 확립, 제2금융권 경영지배 개선, 순환출자 및 부정내부거래 억제, 변칙상속·증여 방지 등의 정책을 제시했다. 이 중 기업경영의 투명성 등 몇 가지는 효과를 보았으나 업종전문화정책 등은 실패작으로 평가받았다.

2000년 4월 13일에 실시된 국회의원 선거에서도 공천은 여전히 하향식이었고, 1997년 대선에서 보여주었던 미디어선거가 사장된 채 동원선거가 되풀이되었다. 선거 결과 한나라당이 과반수 의석에서 4석이 모자란 133석을 차지해 제1당이 되었다. 그것은 영남 몰표에 힘입은 바가 컸다. 4·13총선에서는 부산·대구·경남북에서 울산 동구의 무소속 당선을 제외하고는 한나라당이 휩쓸어 가장 지역주의가 위세를 부린 선거가 되었는데, 1997년 대선에서 영남표가 분산

되어 김대중이 대통령이 되고, 그로 인해 소외감을 갖게 되었기 때문이다. 이 선거에서 시민단체가 낙선운동을 벌이고 후보들의 신상이 공개된 것은 좋은 평가를 받았다. 낙천·낙선운동으로 대상자 86명 중 59명이 낙선되었다. 전국구 후보 중 30%를 여성에게 할당하는 제도가 도입돼 여성의원이 증가했고, 운동권 출신도 상당수 당선되었다.

김대중 대통령은 1971년 대선에서도 남북관계 개선을 공약했지만, 1998년 대통령에 취임한 이후 각별히 역점을 두어 남과 북의 화해와 협력을 추진했다. 1990년을 전후해서부터 북쪽 출신인 정주영 현대재벌총수도 남북관계를 변화시키는 데 적극적이었다. 1998년 6월, 정주영이 소 500마리를 트럭에 싣고 판문점을 지나 북녘 땅에 간 것은 세기의 이벤트였다. 그는 북과 금강산 유람선 운행개발에 합의했다고 발표했다. 금강산 관광은 정주영이 그해 10월에 다시 소 떼 501마리를 몰고 가 김정일 국방위원장을 만남으로써 가시화되었다. 11월 18일 금강호가 관광객 889명을 태우고 동해항을 출발해 북의 장전항으로 항해했다.

금강산 관광은 남북정상회담으로 이어졌다. 2004년 4월, 박지원 문화관광부 장관은 김대중 대통령이 6월 12일부터 14일까지 평양을 방문하기로 했다는 엄청난 뉴스를 발표했다. 드디어 김 대통령의 '햇빛정책'이 구체화된 것이었다. 햇빛정책은 많은 시련을 겪었다. 남의 극우반공세력의 방해책동도 대단했지만, 북도 의구심을 갖고 대했고, 미국의 부시 정권도 못마땅해했다. 1999년 6월에 있었던 서해교전은 햇빛정책을 수장시킬 뻔했으나 김 대통령은 인내심을 갖고 대북접근을 추진했다. 예정보다 하루 늦은 6월 13일 김 대통령이 평양 순안공항에 도착했을 때 김정일 국방위원장이 이례적으로 직접 영접을 나왔다. 남쪽 TV 화면에 비친 북 지도자의 재치 있고 활달한 모습은 반공교육을 받은 남의 주민들에게 대단히 큰 충격이었다. 다음 날 두 사람은 장시간 정상회담을 가졌고, 15일 자주적으로 통일문제를 해결하고 남측의 연합제안과 북측의 낮은 단계의 연방제안의 방향에서 통일을 지향한다는 남북공동선언을 발표했다. 역사적인 대사건인 남북정상회담이 있고 나서 남북관계는 급진전되었다. 8월과 11월, 12월에 이산가족 방문단을 교환했고, 9월에 비전향장기수 63명이 북으로 갔으며, 경의선 개통 기공식이 있었다. 그해 12월 김 대통령은 노벨평화상을 수상했다.

7. 민주화와 경제발전의 동시 달성

2002년 대선이 있던 해 6월 '붉은악마'의 '코리아' 응원이 가세해 축구팀이 월드컵 4강전에 들었을 때 한국 전체가 열화 같은 흥분에 빠졌다. 그 6월에 신효선·심미선 두 여중생이 미군 장갑차에 깔려죽자 촛불시위가 일어나, 12월 14일에는 5만 인파가 손에 든 촛불이 광화문과 시청 일대를 뒤덮었다. 직접민주주의이자 생명 존중의 아름다운 호소였다. 그 뒤에도 추모와 반전평화를 기원하는 촛불시위가 잇달았다.

2002년 대선은 1956년 정부통령 선거, 1971년 대통령 선거와 또 다르게 의미가 있다. 이 선거는 야당인 한나라당 이회창이 대통령이 될 것이라고 예상됐는데, 여당인 새천년민주당이 후보국민경선대회를 가지면서 분위기가 바뀌었다. 국민경선대회에서 뜻밖에 노무현이 후보가 되었다. 더 나아가 여론조사에 의거해 정주영의 아들인 정몽준 후보와 노 후보 간에 단일후보가 결정된 것도 극적 효과를 주었다. 참여민주주의는 노사모 같은 지지 모임 활동을 통해서도 빛을 보았다. 이 선거는 노 후보 진영이 훨씬 적었지만 대체로 선거자금을 적게 썼다는 점에서도 특기할 만하다. 5년 전의 대선처럼 이 선거도 동원선거 대신 TV 매체를 통한 공개토론 중심으로 선거운동이 전개됐는데, 20, 30대가 대거 선거에 참여해 인터넷(신문)으로 (종이) 신문을 장악한 보수언론에 대항한 것도 새로운 현상이었다. 특히 정몽준이 투표 전날인 12월 18일 밤 10시에 노 후보 지지를 철회해 노 후보 쪽이 바짝 긴장했는데, 인터넷이 효력을 발휘했다. 선거 결과 노 후보가 1,201만여 표, 이 후보가 1,144만여 표로 노 후보가 57만여 표차로 대통령에 당선되었다. 이 선거 역시 지역주의를 벗어나지 못했지만, 세대선거이기도 해서, 20, 30대가 노 후보한테 59.2%, 50대 이상이 이 후보한테 60.7% 표를 던졌다. 노 후보 당선으로 군인 시대에 이어 3김 시대도 끝났다. 별다른 정치적 배경이 없고 입바른 소리를 잘하는 한미한 서민 출신이 갑자기 부상해 당선된 것도 특색이다.

노무현 대통령 초기는 한나라당의 노 정권 흔들기, 선거자금 문제 등으로—그럴수록 반사효과로 투명성은 커졌지만—국정운영이 어려웠다. 더욱이 민주당이 갈라져 열린우리당이 초미니 여당으로 탄생함으로써 민주당과도 반목하게 된 상태에서 한나라당·민주당에 의한 대통령탄핵소추안이 2004년 3월 12일 가결되는 사태가 벌어졌다. 탄핵정국은 4월 15일 치러진 총선정국으로 이어졌다. 유권자는 사소한 문제로 대통령을 탄핵한 두 야당에 대해 강한 거부감을 보여 한때는 영남 지방에서도 여론이 비등했으나 박정희의 딸 박근혜의 리더십 아래 대다수 영남 유권자는 다시 한나라당으로 돌아섰다. 총선 결과, 열린우리당은 47석에서 과반수를 근소하게 상회하는 152석이나 확보했고, 한나라당은 121석이 되었다. 민주노동당은 비례대표에서 새로 도입된 정당투표제에 힘입어(13% 획득) 비례대표 8석에 지역구 2석을 확보해 제3당으로 떠올랐다. 의정 사상 진보정당이 가장 많은 의석을 갖고 의회에 진출한 것이다. 각 정당이 비례대표에 여성후보를 대거 기용해 비례대표에서 여성이 29명, 지역구에서 10명이 당선됨으로써 여성의원이 13%나 되어 여성의원이 많았던 이전 의회의 16명보다 두 배가 넘었다.

반공보수세력이 지배하던 국회에 자유주의자들이 과반수 이상을 차지했다는 것은 일종의 의회혁명이었다. 이들 중 상당수는 국가보안법으로 구속된 전력이 말해주듯 운동권 출신이었다. 그러나 이들의 진출은 투쟁이나 활동에 의해 이루어진 것이 아니라 반공보수세력의 탄핵소추라는 어이없는 행동 때문에 가능했고, 따라서 열린우리당은 응집력이 미약했다. 이 때문에 국가보안법 개폐에 혼선을 일으키는 등 우왕좌왕하는 모습을 보여주었다. 또 노 정권의 이라크 파병과 한·미FTA협상 및 타결은 진보세력과 갈등을 불러일으켰다.

새 밀레니엄 시대에 들어오면서 동아시아는 때늦게 '기억'을 둘러싼 역사 전쟁에 휘말려들었다. 일본우익이 침략을 미화하면서 고이즈미 총리가 매년 야스쿠니신사를 참배하고 강제동원 등의 보상에 성의를 보이지 않자, 한국과 중국이 이의를 제기했다. 또 중국의 동북공정에 대해서 한국이 항의하기도 했다. 김대중·노무현 정부는 일제의 강제동원, 제주4·3학살, 한국전쟁 전후의 민간인 학살, 의문사, 의혹 사건 등에 대해서도 위원회를 구성해 진상규명에 노력했다.

2005년 해방 60주년을 맞으며 한국인은 민주화와 경제발전을 함께 달성했다는 점에 자긍심을 가졌다. 구미를 논외로 할 때 한국처럼 불굴의 민주화투쟁이 전개된 곳은 드물다. 민주주의도 노무현 정권에 와서 상당한 수준에 이르렀다. 노무현의 개인적 실수도 작용하면서 노무현 통치 스타일은 과거의 제왕적 통치력을 행사했던 대통령에서 갑자기 보통 대통령의 모습을 갖게 했다. 4·15총선이 보여주었듯 돈 쓰는 선거가 없어지고, 하향식 공천도 약화되었다. 종래 여당은 대통령의 사당이었는데, 그 점도 바뀌었다. 권력기관인 국가정보원(중앙정보부-안전기획부 후신)과 검찰도 권력의 시녀에서 벗어났다. 의회권한은 1988년 여소야대 국회가 등장하면서 이미 강대해졌고, 법원도 제 모습을 찾았다. 여성의 지위 향상 등 사회의 민주화도 진전되고 있다. 해방 60년을 전후해서 정치·사회면에서의 투명성 증가와 함께 경제행위의 투명성도 IMF사태 이후 꾸준히 제고되고 있으며, 주요 수출품목이 전자·자동차·조선 등에 편중되어 있지만 교역량에서 세계 11위를 기록하고 있다. 자동차 보유는 이미 1997년에 1천만 대를 돌파했고, 초고속인터넷 가입자도 1998년 이래 폭발적으로 증가해 2002년에 1천만 명을 넘어섰다. 2000년대에 들어와 한류가 일본·중국뿐만 아니라 동남아시아로도 퍼지고 있다. 그렇지만 최근에 보수 성향이 강해져 민주주의나 인권 같은 보편적 가치보다 경제성장을 우선시하는 경향이 급증하고, 부동산투기도 끝이 보이지 않은 채 심각하다. 또 2001년부터 초저출산사회로 진입해 2005년의 경우 OECD 국가 중에서도 최저수준이었다.

2006년 10월 9일 북의 핵실험 발표는 세계를 긴장시켰다. 북핵문제는 미 클린턴 정부 말기에 해결될 것 같았는데, 2001년 부시 정부가 등장하면서, 더욱이 부시가 2002년 1월 북의 정권을 '악의 축'으로 규정한 이후 북·미관계는 악화일로를 걸었다. 2003년부터 북핵문제를 다루는 6자회담이 계속되었다. 한국은 일면 '자주외교'를 구사하면서 중국과 함께 6자회담 성사를 위해 노력했으나, 미국의 압

박, 북의 반발이 계속되다가 핵실험까지 왔고, 유엔안전보장이사회에서 대북제재조치가 통과되었다. 그렇지만 2006년 10월 31일 6자회담 재개가 발표되었고, 미의회도 민주당이 우세해 해결 가능성의 희망이 커졌다.

찾아보기